ゼロから話せる タイ語

会話中心

平野寿美子 著

三修社

トラック対応表

Track	頁
覚えるフレーズ	
2 こんにちは	2
3 私は～という名前です	2
4 お元気ですか？	3
5 ありがとう	3
6 どういたしまして	4
7 ごめんなさい	4
8 どうぞ	5
9 またお会いしましょう	5
10 ～してもいいですか？	6
11 ～はどこですか？	6
12 これは何ですか？	7
13 ～はありますか？	7
14 これはいくらですか？	8
15 ちょっと見せてください	8
16 要りません	9
17 もう十分です	9
18 おいしいですね！	10
19 わかりません	10
20 もっとゆっくり話していただけますか？	11
21 もう一度言っていただけますか？	11
ダイアローグで学んでみよう	
23　1 私の名前は上田です.	16
24　2 どちらへ行くんですか？	20
25　3 私は学生です.	24
26　4 いつタイにいらしたのですか？	28
27　5 どちらからいらしたのですか？	32
28　6 仕事に行かなくてはなりませんか？	36
29　7 これは何ですか？	40
30　8 これは学校ですか？	44
31　9 これはいくらですか？	48
32 10 まけてくれますか？	52
33 11 アユタヤに行ったことはありますか？	56
34 12 なぜタイが好きなのですか？	60
35 13 もう昼食は食べましたか？	64

Track	頁
36 14 タイの夏は日本の夏よりも暑いです.	68
37 15 先生は毎日日本語の練習をさせます.	72
38 16 どうぞ，とりあえず中へお入りください.	76
39 17 風邪をひいたのかもしれません.	80
40 18 何時に待ち合わせしましょうか？	84
41 19 チェンマイまで長距離バスで何時間かかりますか？	90
42 20 親愛なるソムスィーさん.	94
発音について	
44 声調	98
45 母音	99
46 子音　無気音と有気音	100
47 　　末子音	102
文字について	
49 例	104
50 子音字一覧表	106
51 母音字	108
52 声調記号と声調のきまり　例	111
53 子音字：その他の用法	112
54 その他の規則	114
55 その他の記号	116
文法について	
57 人称代名詞	117
58 指示代名詞	117
59 修飾のしかた	118
60 基本文型	118
61 否定文のつくり方	119
62 イエス・ノーを問う疑問文のつくり方	120
63 疑問詞をつかった疑問文のつくり方	124
64 助動詞	126
65 時制の表現	128
66 仮定法	129
67 比較級と最上級	129
68 使役の表現	130

まえがき

サワッディー・カ（こんにちは！）

みなさんはタイそしてタイ語にどのようなイメージをお持ちでしょうか．タイは，ミャンマー，ラオス，カンボジア，マレーシアと国境を接し，インドシナ半島の中央部に位置する王国です．高層ビルが林立する大都市バンコク，まばゆいばかりの仏教寺院，のどかな田園風景，ゆたかな水をたたえたチャオプラヤー川…．実にさまざまな顔をもつタイに魅せられ，日本からも毎年多くの旅行者がタイを訪れています．また，ビジネスの国際化によって仕事でタイに出張する方も増えています．日本でも，タイ料理はもちろん，最近ではタイの映画や文学などが少しずつ紹介されるようになり，タイの文化に触れる機会が多くなりました．このようにタイは日本にとってますます身近な存在になってきており，タイ語を学んでみようという方々が確実に増えてきていることはたいへん嬉しいことです．

本書は，タイに少しでも興味を持たれた方々に，タイ語に楽しく触れていただくことを目的としています．タイ語は，耳に心地よい響きをもったやわらかくて美しい言葉ですので，まずはタイ語の音にふれ，ご自分で声に出してみてください．また本書では，「よりわかりやすく」するために，限られたページ数のなかで基本的な表現を優先してとりあげ，扱う項目の数は最小限にとどめてあります．より深く学びたい方は，本書を入り口にしてもっと詳しい文法書などにすすまれるとよいと思います．本書でタイ語に親しみ，タイ語の世界への第一歩を踏みだしていただくことができれば幸いです．

本書の執筆にあたっては，タイ語のチェックとともにタイ語表現に関する数多くの貴重なご助言をくださったウイチャイ・ピアンヌコチョン先生，原稿に目をとおし的確なご指摘と励ましをくださった上田広美先生，滞りがちな執筆作業に終始ご尽力くださった三修社の菊池暁さんをはじめ，本当にたくさんの方々にお世話になりました．心より感謝申し上げます．

著 者

本書の使い方

本書は初めてタイ語を学ぶ方を対象にしています．
内容は「覚えるフレーズ」「ダイアローグで学んでみよう」「発音について」「文字について」「文法について」「ヴィジュアル・タイ語」「インデックス」から成り立っています．読者のみなさんの必要に応じて，お好きな部分からページを開いてみてください．タイ語に初めて触れる方には，「発音について」から目を通されることをおすすめします．タイ語には，日本語にはない発音の特徴がいくつかあるからです．

「覚えるフレーズ」
挨拶をはじめとした基本的な20の表現をあげています．タイに行ってすぐに使うことのできる表現ばかりですので，さっそく覚えて使ってみましょう．

「ダイアローグで学んでみよう」
ここでは日常生活を想定した短い会話文をとりあげています．タイに赴任したばかりの男性・上田さん，上田さんの同僚の女性・ソムスィーさん，ソムスィーさんの弟ソムチャイさんが主な登場人物です．日常よく使われる基本的な会話とその訳につづいて，表現・文法の説明，例文，その他のポイントをあげてあります．まず会話文を声に出して読んで，タイ語の音やリズムに慣れましょう．

「発音について」「文字について」「文法について」
ここではまず「発音について」を読んで，タイ語の発音の基本をしっかりと身につけてください．「文字について」ではタイ文字の仕組みを簡単に説明してあります．タイ語は独特のタイ文字で表記されていますので，タイ文字を知ることによってタイ語の世界はぐんと広がります．興味のある方は是非挑戦してみましょう．「文法について」では「ダイアローグで学んでみよう」でとりあげた文法事項をより詳しくかつわかり

やすくまとめてあります．タイ語の理解を深めるために読んでみてください．

「ヴィジュアル・タイ語」
タイの日常生活でよく使われる言葉を楽しいイラストを用いて表現してみました．身のまわりのものをタイ語で表現してみましょう．

「インデックス」
本書ではおよそ500語の単語を使用しています．この「インデックス」ではそれらの単語をタイ文字アルファベット順に並べ，検索しやすいように初出ページも付記しました．単語の確認に，また辞書としてもご活用ください．

＊発音表記について
タイ語は，発音や声調を表わす独特のタイ文字で表記されていますが，本書では，まずは会話だけ習得したいという方のために，タイ文字表記とともにカタカナによる発音表記を参考としてつけ加えました．このカタカナによる発音表記は，できるかぎりタイ語の発音に近い形にしてありますが完全ではありません．タイ語学習において正しい発音はとても大切ですので，タイ人の方の会話を実際に聞いて正しい発音と声調を身につけることをおすすめします．

＊丁寧語について
本書では，紙面の都合上「覚えるフレーズ」と「ダイアローグで学んでみよう」の会話文以外の例文では，丁寧語（**ครับ** [クラップ]・**ค่ะ** [カ]）を省略してあります．実際に読む場合には，丁寧語を補って読むようにしてください．

もくじ

本書の使い方 ……………………………………………………… iv

I 覚えるフレーズ ……………………………………… 1

こんにちは ……………… 2	〜はありますか？ ……………… 7
私は〜という名前です ……… 2	これはいくらですか？ ………… 8
お元気ですか？ ………… 3	ちょっと見せてください …… 8
ありがとう ……………… 3	要りません …………………… 9
どういたしまして ……… 4	もう十分です ………………… 9
ごめんなさい …………… 4	おいしいですね！ …………… 10
どうぞ …………………… 5	わかりません ………………… 10
またお会いしましょう ……… 5	もっとゆっくり話して
〜してもいいですか？ …… 6	いただけますか？ ……… 11
〜はどこですか？ ……… 6	もう一度言って
これは何ですか？ ……… 7	いただけますか？ ……… 11

タイ語とは？ ……………………………………………………… 12

II ダイアローグで学んでみよう ……………………… 15

1 私の名前は上田です． ………………………………… 16
　　人称代名詞◆呼びかけ：「〜さん」◆タイ人の名前
2 どちらへ行くんですか？ ……………………………… 20
　　タイ語の語順
3 私は学生です． ………………………………………… 24
　　修飾語◆父母・兄弟姉妹の言い方
4 いつタイにいらしたのですか？ ……………………… 28
　　時を表わす言葉
5 どちらからいらしたのですか？ ……………………… 32
　　国の名前

6	仕事に行かなくてはなりませんか？	36
	疑問文・否定文のつくり方	
7	これは何ですか？	40
	タイのくだもの	
8	これは学校ですか？	44
	曜日の言い方	
9	これはいくらですか？	48
	数字の表わし方	
10	まけてくれますか？	52
	数量の表わし方	
11	アユタヤに行ったことはありますか？	56
	月の名前	
12	なぜタイが好きなのですか？	60
	〜と（言いました）	
13	もう昼食は食べましたか？	64
	まだ〜していません	
14	タイの夏は日本の夏よりも暑いです．	68
	季節	
15	先生は毎日日本語の練習をさせます．	72
	〜してあげる	
16	どうぞ，とりあえず中へお入りください．	76
	〜する前に・〜した後に	
17	風邪をひいたのかもしれません．	80
	病気の症状	
18	何時に待ち合わせしましょうか？	84
	時刻の表現◆レストランにて	
19	チェンマイまで長距離バスで何時間かかりますか？	90
	乗り物の乗り方	
20	親愛なるソムスィーさん．	94
	知っていると便利なフレーズ	

III 発音について ……… 98
- 声調 ……… 98
- 母音 ……… 99
- 子音 ……… 100

IV 文字について ……… 104
- 子音字 ……… 105
- 母音字 ……… 108
- 声調記号と声調のきまり ……… 110
- 子音字：その他の用法 ……… 112
- その他の規則 ……… 114
- その他の記号 ……… 116

V 文法について ……… 117
- 人称代名詞 ……… 117
- 指示代名詞 ……… 117
- 修飾のしかた ……… 118
- 基本文型 ……… 118
- 否定文のつくり方 ……… 119
- イエス・ノーを問う疑問文のつくり方 ……… 120
- 疑問詞をつかった疑問文のつくり方 ……… 124
- 助動詞 ……… 126
- 時制の表現 ……… 128
- 仮定法 ……… 129
- 比較級と最上級 ……… 129
- 使役の表現 ……… 130

VI ヴィジュアル・タイ語 ……… 132
- 身体 ……… 132
- 乗り物 ……… 133
- 家族 ……… 134
- 服飾品 ……… 135
- 食材 ……… 136

VII インデックス ……… 137

I
覚えるフレーズ

Track 2

こんにちは

สวัสดีครับ (ค่ะ)

サワ̀ットディー・クラッㇷ゚ (か́)

この **สวัสดี** [サワ̀ットディー] は朝昼晩を問わずにいつでも使うことができる挨拶の言葉です．人と会ったときだけでなく，「さようなら」「おやすみなさい」の挨拶の言葉としても使うことができます．もともとは「幸福・繁栄」という意味です．話者が男性ならば **ครับ** [クラッㇷ゚]，女性ならば **ค่ะ** [か́] を文末につけることにより，丁寧な言葉遣いになります．

Track 3

私は〜という名前です

ผม (ดิฉัน) ชื่อ 〜 ครับ (ค่ะ)

ポ̌ム (ディチャ̂ン)・チュ̂ー・〜・クラッㇷ゚ (か́)

自己紹介するときに使います．

話者が男性の場合「私」は **ผม** [ポ̌ム]，女性の場合「私」は **ดิฉัน** [ディチャ̂ン] になります．**ชื่อ** [チュ̂ー] は，「〜という名前です」という意味です．

人に名前をたずねたいときは，**อะไร** [アライ]（何）という疑問詞を使って，**คุณชื่ออะไรครับ (คะ)** [クン・チュ̂ー・アライ・クラッㇷ゚ (か́)]「あなたの名前は何ですか？」と聞きましょう．

Track 4

お元気ですか？

สบายดีหรือครับ (คะ)

サバーイ・ディー・ルー・クラップ (カ)

このように聞かれたら，**สบายดีครับ (ค่ะ) ขอบคุณครับ (ค่ะ)** [サバーイ・ディー・クラップ (カ) コープ・クン・クラップ (カ)]「元気です，ありがとう」と答え，**คุณล่ะครับ (คะ)** [クン・ラ・クラップ (カ)]「あなたはどうですか？」と相手にもたずねてみましょう．

Track 5

ありがとう

ขอบคุณครับ (ค่ะ)

コープ・クン・クラップ (カ)

感謝の言葉です．語尾に「たくさん，とても」という意味の **มาก** [マーク] をつけて，**ขอบคุณมากครับ (ค่ะ)** [コープ・クン・マーク・クラップ (カ)] と言うこともできます．

> **Track 6**
> どういたしまして
> # ไม่เป็นไรครับ (ค่ะ)
> マイ・ペン・ライ・クラップ (カ)

タイではたいへんよく使われる言葉です．
「ありがとう」「すみません」という言葉に対して使われます．
「気にしない，気にしない」「どうってことないですよ，大丈夫」という感じです．おおらかなタイ人気質をよく表わしている言葉といえます．

> **Track 7**
> ごめんなさい
> # ขอโทษครับ (ค่ะ)
> コー・トート・クラップ (カ)

「ごめんなさい」と人に詫びるときはもちろんですが、「失礼ですが…」と人に物をたずねるときなどの呼びかけにも使うことができます．

> Track 8
>
> どうぞ
> **เชิญครับ (ค่ะ)**
> チューン・クラッブ (カ)

「どうぞ」と人に何かをすすめるときに使います．食事をすすめるとき，席をすすめるとき，道をゆずるときなど，さまざまな場面で使うことができる，とても便利なひとことです．

> Track 9
>
> またお会いしましょう
> **พบกันใหม่ครับ (ค่ะ)**
> ポッブ・カン・マイ・クラッブ (カ)

พบกัน [ポッブ・カン] は「会う」，**ใหม่** [マイ] は「もう1度」という意味です．「じゃあ，またね」といった日常的な場面から，「またいつかお会いしましょう」といった別れの場面まで，幅広く使うことができます．

Track 10 〜してもいいですか？
〜ได้ไหมครับ (คะ)
〜・ダ–イ・マ́イ・クラ́ッブ (カ)

「〜してもいいですか？」と許可を得たいときには，文末に ได้ไหม [ダ–イ・マ́イ] をつけます．ได้ [ダ–イ] は可能を表す言葉，ไหม [マ́イ] は「〜ですか？」にあたる言葉です．この質問に対し，「いいですよ」と答えるときは ได้ [ダ–イ]，「だめですよ」と答えるときは否定語 ไม่ [マ̂イ] を使って ไม่ได้ [マ̂イダ–イ] と答えます．

นั่งที่นี่ได้ไหมครับ (คะ)　　ここに座ってもいいですか？
ナ̂ンッ・ティ̂ー・ニ̂ー・ダ–イ・マ́イ・クラ́ッブ (カ)

ได้ครับ (ค่ะ) เชิญครับ (ค่ะ)　　いいですよ．どうぞ．
ダ–イ・クラ́ッブ (カ)　チューン・クラ́ッブ (カ)

Track 11 〜はどこですか？
〜อยู่ที่ไหนครับ (คะ)
〜・ユ̂ー・ディ̂ー・ナ́イ・クラ́ッブ (カ)

名詞の後ろに อยู่ที่ไหน [ユ̂ー・ディ̂ー・ナ́イ] をつけることによって，存在・場所をたずねることができます．อยู่ [ユ̂ー] は「ある，いる」，ที่ไหน [ディ̂ー・ナ́イ] は「どこに」という意味です．これは物についても人についても用いることができます．

ห้องน้ำอยู่ที่ไหนครับ (คะ)　　トイレはどこですか？
ホ̂ンッ・ナ́ーム・ユ̂ー・ディ̂ー・ナ́イ・クラ́ッブ (カ)

อยู่ที่โน่นครับ (ค่ะ)　　あそこにあります．
ユ̂ー・ディ̂ー・ノ̂ーン・クラ́ッブ (カ)

> Track 12
>
> ### これは何ですか？
> # นี่อะไรครับ (คะ)
> ニー・アライ・クラップ (カ)

いろいろな場面でよく用いられます．**นี่** [ニー] は「これ」という意味の指示代名詞，**อะไร** [アライ] は「何」という意味の疑問詞です．

> Track 13
>
> ### 〜はありますか？
> # 〜 มีไหมครับ (คะ)
> 〜・ミー・マイ・クラップ (カ)

名詞の後ろに **มีไหม** [ミー・マイ] をつけることによって所有・存在の有無をたずねることができます．**มี** [ミー] は「持っている，ある」という意味です．

แสตมป์มีไหมครับ (คะ) サテンプ・ミー・マイ・クラップ (カ)	切手はありますか？
มีครับ (คะ) ミー・クラップ (カ)	あります．

7
チェット

> **Track 14**
> これはいくらですか？
> # นี่เท่าไรครับ (คะ)
> ニー・タウライ・クラップ (カ)

買い物などの場面でよく使われるフレーズですね．**นี่** [ニー] は「これ」という意味の指示代名詞，**เท่าไร** [タウライ] は「いくら，どれくらい」という意味の疑問詞です．

หนังสือเล่มนี้เท่าไร　　　　この本はいくらですか？
ナンッスー・レム・ニー・タウライ

๒๐๐บาท　　　　　　　　　200 バーツです．
ソーンッッ・ローイ・バート

> **Track 15**
> ちょっと見せてください
> # ขอดูหน่อยครับ (ค่ะ)
> コー・ドゥー・ノイ・クラップ (カ)

買い物のときに知っていると便利なフレーズです．
ขอ [コー] を動詞の前につけると「～させてください」という意味になります．**ดู** [ドゥー] は見る，**หน่อย** [ノイ] は「ちょっと」という意味です．

Track 16	要りません
	ไม่เอาครับ (ค่ะ)
	マイ・アウ・クラップ (カ)

เอา [アウ] は「欲しい，要る」という意味です．
しつこい物売りを撃退するときなどに使っても効果的です．

Track 17	もう十分です
	พอแล้วครับ (ค่ะ)
	ポー・レーウ・クラップ (カ)

食事をもう十分いただいたときなどに使うフレーズです．
おかわりを勧められて，それを断わるときにも使うことができます．

Track 18	とてもおいしいですね！ อร่อยนะครับ (คะ) アロイ・ナ・クラップ (カ)

สวยนะครับ (คะ)	きれいですね！
スアイ・ナ・クラップ (カ)	
สนุกดีนะครับ (คะ)	楽しいですね！
サヌック・ディー・ナ・クラップ (カ)	

…ご自分が感じたことをどんどん言葉に出してみましょう．

Track 19	わかりません ไม่เข้าใจครับ (ค่ะ) マイ・カウチャイ・クラップ (カ)

เข้าใจไหมครับ (คะ) [カウチャイ・マイ・クラップ (カ)]「わかりますか？」
という問いかけに対する答えです．
相手の言っていることがわからない時に使ってみましょう．

Track 20

もっとゆっくり話していただけますか？

กรุณาพูดช้าๆหน่อยได้ไหมครับ (คะ)

カルナー・プート・チャー・チャー・ノイ・ダーイ・マイ・クラップ（カ）

相手の言うことが速すぎて聞き取ることができないときに使いましょう．**กรุณา** [カルナー] を動詞の前につけると「～していただけますか？」というとても丁寧な言い方になります．目上の人と話すときなどに使うとよいでしょう．普段は入れなくてもかまいません．**พูด** [プート] は「話す」，**ช้าๆ** [チャー・チャー] は「もっとゆっくり」という意味です．

Track 21

もう一度言っていただけますか？

กรุณาพูดอีกครั้งหนึ่งได้ไหมครับ (คะ)

カルナー・プート・イーク・クラング・ヌング・ダーイ・マイ・クラップ（カ）

相手に繰り返し言ってもらいたいときに使いましょう．
อีกครั้งหนึ่ง [イーク・クラング・ヌング] は「もう一度」という意味です．やはりこれも丁寧な言い方です．

タイ語とは

ようこそタイ語の世界へ．
タイ語は現在，タイ王国の公用語として人口およそ6000万人の人々によって使われている言語で，美しいタイ文字によって表記され，耳に心地よいやわらかな響きをもっています．仏教の経典に用いられている古いインドの言葉サンスクリット語やパーリ語，中国との古くからの交流によってもたらされた中国語の影響も受けており，現在のタイ語にはこれらの言語に由来する言葉も多く含まれています．

まずタイ語の大きな特徴として，独特のタイ文字があります．タイ文字は，13世紀末にスコータイ王朝のラムカムヘン王が，隣国カンボジアのクメール文字をもとにしてつくったのがはじまりとされています．そのクメール文字は，インド系の固有の文字です．書くときには，タイ文字の3つの要素である子音字・母音字・声調記号を組み合わせて左から右へ横書きをし，日本語と同じく分かち書きはしません．見慣れない文字ですので最初はとまどわれるかもしれませんが，表音文字（音を表わしている文字）ですので，規則さえ覚えてしまえば正確に読むことができます．本書においては，タイ文字表記とカタカナ表記を併用していますが，タイではタイ文字のみが使われていますので，簡単な文字の仕組みを理解しておくときっと役にたつでしょう．

タイ語には日本語にはない発音の特徴がいくつかありますが，その中でも特に大切なのは声調です．声調とは音の高低のことで，同じ発音でも声調の違いによって意味の異なる言葉となりますので注意が必要です．たとえば同じ maa という発音でも， maa と平板に発音すると「来る」という意味の言葉に， máa と語尾を上げるように発音すると「馬」という意味の言葉になります．タイ語にはこの声調の種類が5種類あります．

文法についてですが、タイ語には、日本語の「〜が・〜を」にあたる言葉や、ヨーロッパの言語によく見られるような語形の変化いわゆる活用がありません。タイ語の文法で大切なのは、単語の並べ方つまり語順です。タイ語にははっきりとした語順のきまりがあって、語順によって単語と単語の関係を表わしています。語順の基本は「主語＋述語」「修飾される語＋修飾語」で、この語順を勝手に入れ換えることはできません。この基本を最初に頭に入れてしまえば、タイ語はかなり習得しやすい言葉といえるでしょう。

以上、タイ語の特徴をいくつかあげてみました。おおまかなイメージをつかむことができたら、難しいことは考えずにさっそくタイの言葉を声に出してみましょう。カタコトでもいいのです。基本的な表現を覚えたら、さっそくタイ人の方との会話に挑戦してみてください。そして流れるようなやさしいタイ語の響きに耳を傾けてみてください。サワットディー（こんにちは）！と挨拶をすると、タイ人の方は微笑みをもって応えてくれることでしょう。

それでは　チョーク・ディー・チ・カ（ご健闘を）！

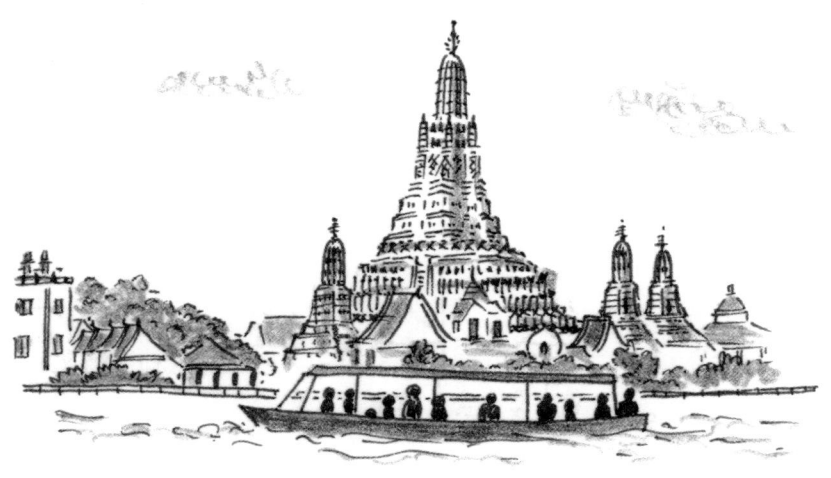

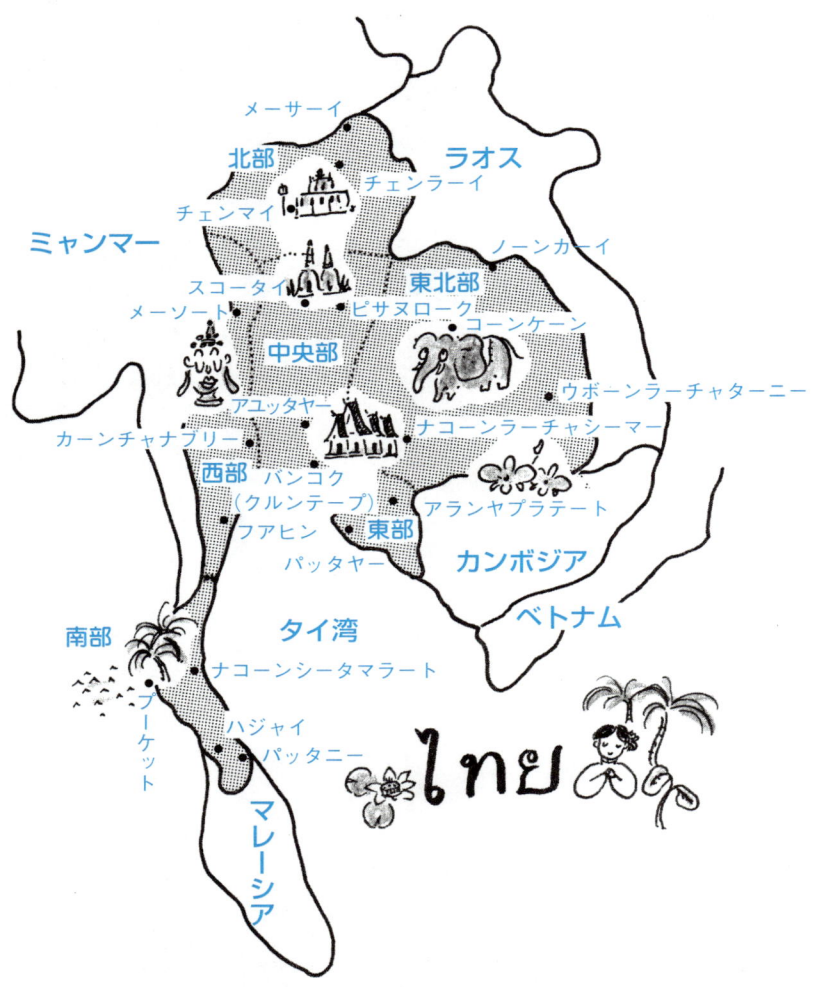

II
ダイアローグで学んでみよう

บทที่ 1

私の名前は上田です．

ผมชื่ออูเอดะครับ

上田さんはソムスィーさんに自己紹介をします．

อูเอดะ / ウエダ
สวัสดีครับ
サワットディー・クラップ

ผมชื่ออูเอดะครับ
ポム・チュー・ウエダ・クラップ

สมศรี / ソムスィー
ดิฉันชื่อสมศรีค่ะ
ディチャン・チュー・ソムスィー・カ

ยินดีที่ได้รู้จักค่ะ
インディー・ティー・ダイ・ルーチャック・カ

อูเอดะ / ウエダ
ผมก็เช่นเดียวกันครับ
ポム・コー・チェン・ディアウ・ガン・クラップ

上　田　こんにちは．
　　　　私は上田と申します．
ソムスィー　私の名前はソムスィーです．
　　　　お会いできてうれしいです．どうぞよろしく．
上　田　こちらこそどうぞよろしく．

> **สวัสดี** ■ こんにちは
> サワッ̂トディー

タイ語では，この **สวัสดี** [サワッ̂トディー] という言葉で「おはよう」「こんにちは」「こんばんは」「さようなら」と挨拶の表現がすべてできます．

> **ครับ / ค่ะ** ■ です，ます
> クラッ́プ ／ カ̂

話者が男性ならば **ครับ** [クラッ́プ]，女性ならば **ค่ะ** [カ̂] を文末につけることにより，丁寧な言葉遣いになります．日本語の「です・ます調」にあたる言葉遣いです．文末にはこの **ครับ／ค่ะ** [クラッ́プ／カ̂] をつけるようにしましょう．女性用の **ค่ะ** [カ̂] は平叙文ならば **ค่ะ** [カ̂]，疑問文ならば **คะ** [カ́] と声調が異なりますので，注意が必要です．

> **ชื่อ ~** ■ 私は～と申します
> チュ̂ー・～

「私は～という名前です」と自己紹介する場合，男性は **ผมชื่อ ~** [ポ̌ム・チュ̂ー・～]，女性は **ดิฉันชื่อ ~** [ディチャ́ン・チュ̂ー・～] と言います．**ผม／ดิฉัน** [ポ̌ム／ディチャ́ン] は「私」，**ชื่อ** [チュ̂ー] は「～という名前です」という意味です．

> **ยินดีที่ได้รู้จัก** ■ はじめまして．どうぞよろしく
> インディー・ディー・ダ̂イ・ルー́チャッ̀ック

ยินดี [インディー] は「うれしい」，**ที่ได้รู้จัก** [ディー・ダ̂イ・ルー́チャッ̀ック] は「知り合いになって」という意味です．日本語の「はじめまして．どうぞよろしく」に対応する言葉と考えてよいでしょう．初対面の時の挨拶に使います．ただし，英語からの翻訳調に聞こえますので，タイ人どうしの挨拶ではあまり使われていません．

いろいろな表現

挨拶のしかた

A : **สวัสดีค่ะ**　　　　　　　　こんにちは．
サワットディー・カ

　　สบายดีหรือคะ　　　　　お元気ですか？
サバーイディー・ルー・カ

B : **สบายดีครับ**　　　　　　元気です．
サバーイディー・クラップ

　　คุณล่ะครับ　　　　　　　あなたはいかがですか？
クン・ラ・クラップ

A : **ดิฉันก็สบายดีค่ะ**　　　　元気です．
ディチャン・コー・サバーイディー・カ

　　ขอบคุณค่ะ　　　　　　　ありがとう．
コープ・クン・カ

この **สบาย** [サバーイ] という言葉は「快適な，心地よい」という意味の言葉で，タイ人気質をよく表わしている言葉です．**หรือ** [ルー] を文末につけることによって「～ですか？」という疑問文をつくることができます．(**คุณล่ะ** [クン・ラ] については 21 ページを参照)

ポイント

人称代名詞

タイ語にはいくつかの人称代名詞があります．その中でも代表的なものを覚えましょう．

ผม	[ポ̌ム]	「私」（男性）
ดิฉัน	[ディチャ̌ン]	「私」（女性）
เรา	[ラウ]	「私たち」（男性・女性とも）
คุณ	[クン]	「あなた」「あなたたち」（男性・女性とも）
เขา	[カ̌ウ]	「彼，彼女」「彼ら，彼女ら」

呼びかけ：「～さん」

「～さん」の呼びかけにあたる言葉として，名前の前に คุณ [クン] をつけます．つまり「上田さん」は คุณอูเอดะ [クン・ウエダ]，「ソムスィーさん」は คุณสมศรี [クン・ソ̌ムスィ̌ー] となります．

タイ人の名前

タイ人の名前は日本人の名前とは逆で，名・姓の順です．日常使うのはもっぱら名のほうで，姓で呼びかけることはありません．これは目上の人に対しても同様です．役職名を使って呼びたい場合でも姓は用いず「役職名＋名」で呼びます．例えば「ウィライ先生」ならば，อาจารย์วิลัย [アーチャーン・ウィライ] となります．อาจารย์ [アーチャーン] は「先生」，วิลัย [ウィライ] は女性の名前です．

บทที่ 2

どちらへ行くんですか？

จะไปไหนคะ

上田さんに会ったソムスィーさんは，上田さんにどこへ行くのかたずねます．

สมศรี / ソムスィー

สวัสดีค่ะ คุณอูเอดะ
サワッ̀トディー・カ クン・ウエダ

จะไปไหนคะ
チャッ・パ̌イ・ナ̌イ・カ

อูเอดะ / ウエダ

จะไปทานข้าวครับ
チャ・パ̌イ・ターン・カ̂ーウ・クラッ́ップ

คุณล่ะครับ
クン・ラ・クラッ́ップ

สมศรี / ソムスィー

ดิฉันจะไปซื้อของค่ะ
ディチャ̌ン・チャ・パ̌イ・ス̂ー・コ̌ーンッ・カ

ソムスィー	こんにちは．上田さん．
	どちらへ行くんですか？
上 田	食事に行くところです．
	あなたは？
ソムスィー	私は買い物に行くところです．

> **จะไปไหน** ■ どちらへ行くんですか？
> チャッ・パイ・ナイ

これはタイ人どうしが挨拶がわりに日常とてもよく使うフレーズです．**จะ** [チャッ] は意志・未来を表わします．**ไป** [パイ] は「行く」，**ไหน** [ナイ] は「どちら」という意味です．**จะ** [チャッ] は，文脈で時制が明らかな場合は入れる必要はありません．また，この場合には，日本語の場合と同様，「あなた」に向かって話しかけていることが明らかなので，**คุณ** [クン]（あなた）という主語は入れません．

> **ไปทานข้าว** ■ **食事に行く**
> パイ・ターン・カーウ

ไป [パイ]（行く）の後ろに更に動詞をつなげると，「〜しに行く」という文になります．**ไป** [パイ] + **ทานข้าว** [ターン・カーウ]（食事をする）=「食事に行く」，**ไป** [パイ] + **ซื้อของ** [スー・コーンッ]（買い物をする）=「買い物に行く」のように使いましょう．

> **คุณล่ะ** ■ あなたは？
> クン・ラ

ล่ะ [ラ] は「〜（について）はどうですか？」と質問をくり返したり，質問を相手に返したりする役目がありますので，**คุณล่ะ** [クン・ラ] で「あなたは？」となるのです．例えばレストランで注文するときなど，**ผมดื่มเบียร์ คุณล่ะ** [ポム・ドゥーム・ビア　クン・ラ]「僕はビールを飲みます．あなたは（何を飲みますか）？」のように使います．

いろいろな表現

A: **จะไปไหน**　　　　　　　どちらへ行くんですか？
　　 チャッ・パイ・ナイ

B: **จะไปทำงาน**　　　　　 仕事に行きます．
　　 チャッ・パイ・タム・ガーン

　　 จะไปโรงเรียน　　　　学校に行きます．
　　 チャッ・パイ・ローン・リアン

　　 จะไปเรียนภาษาไทย　タイ語を勉強しに行きます．
　　 チャッ・パイ・リアン・パーサー・タイ

ทำงาน [タム・ガーン] 仕事をする，**โรงเรียน** [ローン・リアン] 学校，
เรียน [リアン] 勉強する，**ภาษาไทย** [パーサー・タイ] タイ語

22　๒๒
　　イーシップ・ソーン

ポイント

タイ語の語順

タイ語の基本語順は，主語＋動詞＋目的語です．
つぎの例を見ていきましょう．

เขาเรียนภาษาอังกฤษ カオ・リアン・パーサー・アンクリット	彼は英語を勉強します．

ภาษาอังกฤษ [パーサー・アンクリット] 英語
⇨ 「彼」＋「勉強する」＋「英語」

ดิฉันชอบมะม่วง ディチャン・チョープ・マムアング	私はマンゴーが好きです．

ชอบ [チョープ] 好む，มะม่วง [マムアング] マンゴー
⇨ 「私」＋「好き」＋「マンゴー」

ผมดื่มเบียร์ ポム・ドゥーム・ビア	僕はビールを飲みます．

ดื่ม [ドゥーム] 飲む，เบียร์ [ビア] ビール
⇨ 「僕」＋「飲む」＋「ビール」

เราซื้อบ้าน ラウ・ズー・バーン	私たちは家を買います．

ซื้อ [ズー] 買う，บ้าน [バーン] 家
⇨ 「私たち」＋「買う」＋「家」

บทที่ 3

私は学生です．

ผมเป็นนักศึกษาครับ

ソムスィーさんは弟のソムチャイさんを上田さんに紹介します．

สมศรี ソムスィー	คุณอูเอดะคะ クン・ウエダ・カ	นี่สมชายน้องชายของดิฉันค่ะ ニー・ソムチャーイ・ノーンチャーイ・コーン・ディチャン・カ
สมชาย ソムチャーイ	สวัสดีครับ サワッtディー・クラッp	
อูเอดะ ウエダ	สวัสดีครับ サワッtディー・クラッp	คุณทำงานที่ไหนครับ クン・タムガーン・ティー・ナイ・クラッp
สมชาย ソムチャーイ	ผมไม่ใช่พนักงานบริษัทครับ ポム・マイ・チャイ・パナックガーン・ボリサッt・クラッp	
	ผมเป็นนักศึกษาครับ ポム・ペン・ナックスィッksザー・クラッp	
สมศรี ソムスィー	ตอนนี้เขาเรียนภาษาญี่ปุ่นที่มหาวิทยาลัยค่ะ トーンニー・カウ・リアン・パーサー・イープン・ティー・マハーウィッタヤライ・カ	

ソムスィー　　上田さん．これは私の弟のソムチャイです．
ソムチャイ　　こんにちは．
　上　田　　こんにちは．あなたはどちらで働いているんですか？
ソムチャイ　　私は会社員ではありません．私は学生なんです．
ソムスィー　　彼は今，大学で日本語を勉強しているんですよ．

พนักงานบริษัท [パナックガーン・ボリサッt] 会社員，
นักศึกษา [ナックスィッksザー] 学生，**ตอนนี้** [トーン・ニー] 今

นี่～ ■ こちらは～（人の名前）です
ニー〜

นี่ [ニー] は指示代名詞「これ」にあたる言葉で，このすぐ後ろに人の名前をつなげると，「こちらは（誰々）です」と人を紹介する文になります．例えば，**นี่คุณอูเอดะ** [ニー・クン・ウエダ]（こちらは上田さんです）のように使います．**น้องชาย** [ノーンチャーイ] は弟，**ของ** [コーン] は名詞の後につけて「〜の」という所有格を表わします．

ที่ไหน ■ どこ？
ティー・ナイ

ที่ไหน [ティー・ナイ]（どこ？）を文末につけることによって，場所をたずねる疑問文をつくることができます．
例えば，**คุณเรียนภาษาไทยที่ไหน** [クン・リアン・パーサータイ・ティー・ナイ] で「あなたはどこでタイ語を勉強しますか？」となります．

ผมเป็นนักศึกษา ■ ぼくは学生です
ポム・ペン・ナックスックサー

「A は B です」は「A + **เป็น** [ペン] + B」と言い表わします．このとき「A」には人名もしくは「私・あなた」などの人称代名詞，B には名詞が入ります．例えば「私（女性）は日本人です」は **ดิฉันเป็นคนญี่ปุ่น** [ディチャン・ペン・コン・イープン]，「彼は先生です」は **เขาเป็นอาจารย์** [カゥ・ペン・アーチャーン] のように文をつくることができます．「A は B ではありません」という否定形のときは，**เป็น** [ペン] のかわりに **ไม่ใช่** [マイ・チャイ] を入れ，「A + **ไม่ใช่** [マイ・チャイ] + B」となります．

ที่มหาวิทยาลัย ■ 大学で
ティー・マハーウィッタヤライ

「〜で」と場所を表わすときには「**ที่** [ティー] +場所を表わす名詞」とします．**มหาวิทยาลัย** [マハーウィッタヤライ] は「大学」です．例えば「ホテルで」は **ที่โรงแรม** [ティー・ローンクレーム] となります．

いろいろな表現

นี่คุณวันชัย ニー・クン・ワンチャイ	こちらはワンチャイさんです．
เขาเป็นอาจารย์ภาษาญี่ปุ่น カウ・ペン・アーチャーン・パーサー・イーブン	彼は日本語の先生です．

นี่คุณทานากะ ニー・クン・タナカ	こちらは田中さんです．
เราเรียนภาษาไทยด้วยกัน ラウ・リアン・パーサー・タイ・ドゥアイ・カン	私たちは一緒にタイ語を勉強しています．

ด้วยกัน [ドゥアイ・カン] 一緒に
⇨ **ไปด้วยกัน** [パイ・ドゥアイ・カン] 一緒に行く

นี่คุณมาลินี ニー・クン・マーリニー	こちらはマリニーさんです．
เขาเป็นหมอ カウ・ペン・モー	彼女はお医者さんです．
ไม่ใช่พยาบาล マイ・チャイ・パヤーバーン	看護婦さんではありません．

หมอ [モー] 医者, **พยาบาล** [パヤーバーン] 看護婦

ポイント

修飾語

タイ語では，形容詞などの修飾語は，修飾される語の後ろにつけます．日本語とは逆です．

日本語	⇨	ภาษาญี่ปุ่น [パーサー（語）・イープン（日本）]
タイ語	⇨	ภาษาไทย [パーサー（語）・タイ（タイ）]
日本人	⇨	คนญี่ปุ่น [コン（人）・イープン（日本）]
タイ人	⇨	คนไทย [コン（人）・タイ（タイ）]
日本語の先生	⇨	อาจารย์ภาษาญี่ปุ่น [アーチャーン(先生)・パーサー・イープン]
美人	⇨	คนสวย [コン（人）・スアイ（美しい）]
大きな家	⇨	บ้านใหญ่ [バーン（家）・ヤイ（大きい）]
黒い犬	⇨	หมาดำ [マー（犬）・ダム（黒い）]

父母・兄弟姉妹の言い方

父（お父さん）は **คุณพ่อ** [クン・ポー]，母（お母さん）は **คุณแม่** [クン・メー] といいます．また，兄弟姉妹は，**พี่** [ピー]「年上のきょうだい」，**น้อง** [ノーング]「年下のきょうだい」に，男性を表わす**ชาย** [チャーイ] あるいは女性を表わす**สาว** [サーウ] をつけます．

父（お父さん）	⇨	**คุณพ่อ** [クン・ポー]
母（お母さん）	⇨	**คุณแม่** [クン・メー]
兄	⇨	**พี่ชาย** [ピーチャーイ]
弟	⇨	**น้องชาย** [ノーングチャーイ]
姉	⇨	**พี่สาว** [ピーサーウ]
妹	⇨	**น้องสาว** [ノーングサーウ]

いつタイにいらしたのですか？

มาเมืองไทยเมื่อไรครับ

ソムチャイさんは上田さんにいつタイにきたのかたずねます．

สมชาย ソムチャーイ	คุณอูเอดะครับ クン・ウエダ・クラップ	มาเมืองไทยเมื่อไรครับ マー・ムアンッ・タイ・ムアライ・クラップ
อูเอดะ ウエダ	เดือนที่แล้วครับ ドゥアン・ティー・レーゥ・クラップ	
สมชาย ソムチャーイ	แล้วตอนนี้บ้านคุณอยู่ที่ไหนครับ レーゥ・トーンニー・バーン・クン・ユー・ティー・ナイ・クラップ	
อูเอดะ ウエダ	อยู่ถนนสุขุมวิท ユー・タノン・スクムウィット	
	ใกล้ๆที่ทำงานครับ クライクライ・ティータムンガーン・クラップ	

ソムチャイ　上田さん．いつタイにいらしたのですか？
　上　田　　先月です．
ソムチャイ　それで今，あなたの家はどこにあるんですか？
　上　田　　スクンヴィット通りにあります．
　　　　　　職場のすぐ近くなんです．

มา [マー] 来る，เมืองไทย [ムアンッ・タイ] タイ，แล้ว [レーゥ] それで，
ถนนสุขุมวิท [タノン・スクムウィット] スクンヴィット通り，
ที่ทำงาน [ティー・タムンガーン] 職場

> **เมื่อไร**　■　いつ？
> ムアライ

เมื่อไร [ムアライ]（いつ？）をつけることによって，「いつ～？」という時をたずねる疑問文をつくることができます．日本語の場合と同様，主語が明らかな場合には，「あなた」「私」といった主語は入れません．

> **อยู่ที่ ～**　■　～にある
> ユー・ティー・～

「～にある」のように存在を表わす場合には，**อยู่ที่ ～** [ユー・ティー・～] を用います．**อยู่** [ユー] は「ある」，**ที่** [ティー] は「～に」という意味です．ですから「学校にある」だったら**อยู่ที่โรงเรียน** [ユー・ティー・ローンヶリアン] となるのです．主語が人の場合には「～にいる」という意味として使うこともできます．

> **ใกล้ๆ ～**　■　～の近くに
> クライクライ・～

「～の近くに」と表現する場合には，**ใกล้ๆ** [クライクライ] の後ろに場所の名前をもってきます．「学校の近くに」だったら**ใกล้ๆโรงเรียน** [クライクライ・ローンヶリアン] となります．

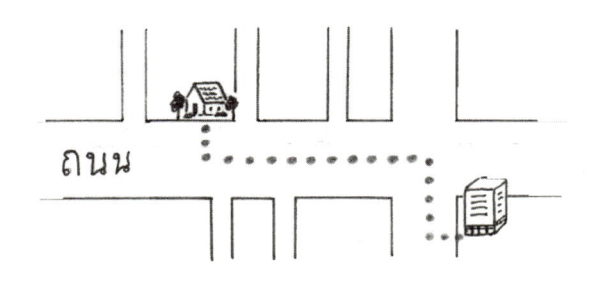

いろいろな表現

A : **คุณจะไปโรงเรียนเมื่อไร**   あなたは学校にいつ行きますか？
クン・チャッ・パイ・ローンヶリアン・ムアライ

B : **ไปพรุ่งนี้**   明日行きます．
パイ・プルンヶニー

พรุ่งนี้ [プルンヶニー] 明日

A : **ตำราอยู่ที่ไหน**   教科書はどこにありますか？
タムラー・ユー・ディー・ナイ

B : **อยู่ที่ห้องของผม**   僕の部屋にあります．
ユー・ディー・ホーンヶ・ゴーンヶ・ポム

ตำรา [タムラー] 教科書
ห้อง [ホーンヶ] 部屋，**ของ** [ゴーンヶ] 〜の(所有格)
 ⇨ **ห้องของผม** [ホーンヶ・ゴーンヶ・ポム] 僕の部屋

A : **เขาอยู่ที่ไหน**   彼女はどこにいますか？
カウ・ユー・ディー・ナイ

B : **อยู่ที่ห้องทำอาหาร**   台所にいます．
ユー・ディー・ホーンヶ・タム・アーハーン

ห้องทำอาหาร [ホーンヶ・タム・アーハーン] 台所

ポイント

時を表わす言葉

今日 ⇨ วันนี้ [ワンニー]
明日 ⇨ พรุ่งนี้ [プルンニー]
昨日 ⇨ เมื่อวานนี้ [ムア・ワンニー]

また「今週」「来週」「先週」を表わすには นี้ [ニー]（この），หน้า [ナー]（前方の），ที่แล้ว [ティー・レーウ]（過ぎ去った）という言葉を使います．อาทิตย์ [アーティット] は「週」です．

今週 ⇨ อาทิตย์นี้　　　[アーティット・ニー]
来週 ⇨ อาทิตย์หน้า　　[アーティット・ナー]
先週 ⇨ อาทิตย์ที่แล้ว　　[アーティット・ティー・レーウ]

「月」「年」についても、同様の言い方で表わすことができます．เดือน [ドゥアン] は「月」，ปี [ピー] は「年」です．

今月 ⇨ เดือนนี้　　　[ドゥアン・ニー]
来月 ⇨ เดือนหน้า　　[ドゥアン・ナー]
先月 ⇨ เดือนที่แล้ว　　[ドゥアン・ティー・レーウ]

今年 ⇨ ปีนี้　　　[ピー・ニー]
来年 ⇨ ปีหน้า　　[ピー・ナー]
去年 ⇨ ปีที่แล้ว　　[ピー・ティー・レーウ]

บทที่ 5

どちらからいらしたのですか？

คุณมาจากไหนครับ

ソムチャイさんと上田さんの会話は続きます．

สมชาย ソムチャーイ	คุณอูเอดะครับ クン・ウエダ・クラッㇷ゚	คุณมาจากไหนครับ クン・マー・チャーㇰ・ナイ・クラッㇷ゚
อูเอดะ ウエダ	มาจากโอซาก้าครับ マー・チャーㇰ・オオサカー・クラッㇷ゚	
สมชาย ソムチャーイ	งั้นหรือครับ ンガン・ルー・クラッㇷ゚	
	เมืองไทยเป็นยังไงครับ ムアンㇰ・タイ・ペン・ヤンㇰ・ンガイ・クラッㇷ゚	
อูเอดะ ウエダ	อยู่สบาย ユー・サバーイ	แต่ร้อนมากนะครับ テー・ローン・マーㇰ・ナ・クラッㇷ゚

ソムチャイ　上田さん．あなたはどちらからいらしたのですか？
　　上田　　大阪から来ました．
ソムチャイ　そうですか．
　　　　　　タイはいかがですか？
　　上田　　過ごしやすいですが，とても暑いですね．

แต่ [テー] しかし，**ร้อน** [ローン] 暑い，**มาก** [マーㇰ] とても

มาจากไหน ■ どちらからいらしたのですか？
[マー・チャーク・ナイ]

「どこからきたのか」をたずねる文ですが，出身をたずねるフレーズとしても使うことができます．มา [マー] は「来る」という動詞，จาก [チャーク] は「〜から」という前置詞，ไหน [ナイ] は「どこ，どちら」を表わす疑問詞です．この質問に対しては，国名や，東京，バンコクなどの地名で答えることができます．

งั้นหรือ ■ そうですか
[ンガン・ルー]

これはあいづちです．ผมเรียนภาษาไทย [ポム・リアン・パーサー・タイ]「僕はタイ語を勉強しているんです」⇨ งั้นหรือ [ンガン・ルー]「そうですか」のように用います．口語的な言い方です．

เป็นยังไง ■ どうですか？
[ペン・ヤング・ンガイ]

「どのような？」という意味の状態・様子をたずねる疑問詞です．คุณพ่อเป็นยังไง [クン・ポー・ペン・ヤング・ンガイ]「お父さんはいかがお過ごしですか？」⇨ เขาสบายดี [カウ・サバーイディー]「元気です」のように使います．

นะ ■ 〜ね，〜よ
[ナ]

「〜ね」「〜よ」にあたる言葉です．文末におきます．ครับ／ค่ะ [クラップ／カ] を言う場合にはその直前におきます．อร่อยนะครับ [アロイ・ナ・クラップ]「おいしいですね」のように使います．อร่อย [アロイ] は「おいしい」という意味です．

いろいろな表現

A：อาหารไทยเป็นยังไง　　タイ料理はどうでしたか？
　　アーハーン・タイ・ペン・ヤンｸ・ンガイ

B：อร่อยแต่เผ็ดมาก　　おいしいけれど、とても辛いですね．
　　アロ่イ・テ̀ー・ペッㇳ・マ̂ーｸ

อาหาร [アーハーン] 料理，**อร่อย** [アロ่イ] おいしい，**เผ็ด** [ペッㇳ] 辛い

A：ภาษาไทยเป็นยังไง　　タイ語はどうですか？
　　パーサ̌ー・タイ・ペン・ヤンｸ・ンガイ

B：ยากมาก　　とても難しいです．
　　ヤ̂ーｸ・マ̂ーｸ

ยาก [ヤ̂ーｸ] 難しい

A：คุณมาจากไหน　　あなたはどちらからいらしたのですか？
　　クン・マー・チャ̀ーｸ・ナ̌イ

B：มาจากประเทศจีน　　中国から来ました．
　　マー・チャ̀ーｸ・プラテ̂ーㇳ・チーン

A：เขามาจากไหน　　彼はどちらの出身ですか？
　　カ̌ウ・マー・チャ̀ーｸ・ナ̌イ

B：มาจากจังหวัดขอนแก่น　　コーンケーン県です．
　　マー・チャ̀ーｸ・チャンｸワッㇳ・コ̌ーンケ̀ーン

ขอนแก่น [コ̌ーンケ̀ーン] タイ東北部の一県名

34　๓๔
　　サ̌ームシッㇷ゚・シ̀ー

ポイント

国の名前

国を言い表わすときには，「国」という意味の語 **ประเทศ** [プラテート] の後ろに国名をつけます．ただし，この**ประเทศ** [プラテート] は省略することもできます．実際に例をいくつか見ていきましょう．また「タイ国」については，もうひとつの言い方として **เมืองไทย** [ムアング・タイ] という言い方もあり，こちらの方が一般的です．この **เมือง** [ムアング] は口語的な言い方で，タイにのみ使うことができます．

日本	⇨	**ประเทศญี่ปุ่น**	[プラテート・イープン]
タイ	⇨	**ประเทศไทย**	[プラテート・タイ]
		もしくは **เมืองไทย**	[ムアング・タイ]
中国	⇨	**ประเทศจีน**	[プラテート・チーン]
韓国	⇨	**ประเทศเกาหลี**	[プラテート・カウリー]
ドイツ	⇨	**ประเทศเยอรมัน**	[プラテート・ユーラマン]
イギリス	⇨	**ประเทศอังกฤษ**	[プラテート・アングクリット]
フランス	⇨	**ประเทศฝรั่งเศส**	[プラテート・ファラングセート]
アメリカ	⇨	**สหรัฐอเมริกา**	[サハラット・アメリカー]

สหรัฐ [サハラット] は「合衆国」という意味なので，**ประเทศ** [プラテート] はつけません．

また，県を言い表わすときには，「県」という意味の **จังหวัด** [チャングワット] の後ろに県名をつけます．**จังหวัดไซตามะ** [チャングワット・サイタマ]「埼玉県」，**จังหวัดหกไกโด** [チャングワット・ホッカイドウ]「北海道」のように使います．この **จังหวัด** [チャングワット] は省略することもできます．

บทที่ 6

仕事に行かなくてはなりませんか？

Track 28

คุณต้องไปทำงานไหมคะ

ソムスィーさんは上田さんを市場に誘います．

สมศรี (ソムスィー)	คุณอูเอดะคะ พรุ่งนี้คุณต้องไปทำงานไหมคะ クン・ウエダ・カ プルンッニー・クン・ドーンッ・パイ・タムンガーン・マイ・カ	
อูเอดะ (ウエダ)	ไม่ต้องครับ マイ・ドーンッ・クラップ	ไปเที่ยว [パイ・ティアウ] 遊びに行く，旅行する
สมศรี (ソムスィー)	งั้นไปเที่ยวด้วยกันไหมคะ ンガン・パイ・テイアウ・ドゥアイ・カン・マイ・カ	
อูเอดะ (ウエダ)	ตกลงครับ トクロンッ・クラップ	
สมศรี (ソムスィー)	คุณอยากจะไปไหนคะ クン・ヤーッ・チャッ・パイ・ナイ・カ	ตลาดน้ำ [タラート・ナーム] 水上マーケット
อูเอดะ (ウエダ)	ผมอยากจะไปเที่ยวตลาดน้ำครับ ポム・ヤーッ・チャッ・パイ・テイアウ・タラート・ナーム・クラップ	

ソムスィー	上田さん．明日あなたは仕事に行かなくてはなりませんか？
上　田	いいえ，行く必要はありません．
ソムスィー	それじゃあ，一緒に出かけませんか？
上　田	そうしましょう．
ソムスィー	あなたはどこに行きたいですか？
上　田	僕は水上マーケットに行ってみたいです．

- ต้อง 〜　■　〜しなくてはならない
  トーン・〜

動詞の前に ต้อง [トーン] をつけると「〜しなくてはならない」という意味になります．疑問文をつくるときは，文末に「〜ですか？」を意味する ไหม [マイ] をつけます．これに対し，肯定で答えるときは，ต้อง [トーン]，否定で答えるときは，否定語 ไม่ [マイ] を ต้อง [トーン] の前につけて ไม่ต้อง [マイ・トーン] と答えます．このとき，ต้อง [トーン] 以下の動詞は省略していますが，つけてもかまいません．否定の場合「〜する必要はない」という意味になります．

- ตกลง　■　いいですよ
  トゥクロン

「〜はどうですか？」といった相手の提案などに対して同意するときに使います．「了解，オーケー」というニュアンスです．

- อยากจะ 〜　■　〜したい
  ヤーク・チャッ

動詞の前に อยากจะ [ヤーク・チャッ] をつけると「〜したい」という意味になります．จะ [チャッ] は省略することもできます．ต้อง [トーン] と同様に，疑問文をつくるときは，文末に「〜ですか？」を意味する ไหม [マイ] をつけます．これに対し肯定で答えるときは，อยาก [ヤーク]，否定で答えるときは，ไม่อยาก [マイ・ヤーク] と答えます．

- ไม่ 〜　■　〜ない（否定語）
  マイ・〜

- 〜 ไหม　■　〜ですか？（イエス・ノーを問う疑問文）
  〜・マイ

いろいろな表現

ไหม [マˇイ]（ですか？），ไม่ [マ^イ]（否定語）の位置に注意しましょう

A：เดือนหน้าคุณต้องไปญี่ปุ่น<u>ไหม</u>
ドゥアン・ナ^ー・クン・ト^ーンｸﾞ・パイ・イ^ープン・マˇイ
あなたは来月日本に行かなくてはなりませんか？

B：ต้อง（ไป）
ト^ーンｸﾞ（・パイ）
行かなければなりません．

ไม่ต้อง（ไป）
マ^イ・ト^ーンｸﾞ（・パイ）
行く必要はありません．

A：คุณอยากจะเรียนภาษาไทย<u>ไหม</u>
クン・ヤーｸ・チャッ・リアン・パーサˇー・タイ・マˇイ
あなたはタイ語を勉強したいですか？

B：อยาก（เรียน）
ヤーｸ（・リアン）
（勉強）したいです．

ไม่อยาก（เรียน）
マ^イ・ヤーｸ（・リアン）
（勉強）したくありません．

A：ตอนนี้คุณอยากจะทำอะไร
ト―ーンニ^ー・クン・ヤーｸ・チャッ・タム・アライ
あなたは今何をしたいですか？

B：อยากจะไปเที่ยว
ヤーｸ・チャッ・パイ・ティ^アウ
旅行に行きたいです．

ทำ [タム] する．อะไร [アライ] 何

ポイント

疑問文・否定文のつくり方

ここで「主語＋動詞＋目的語」「主語＋形容詞」の文型の疑問文，否定文のつくり方をまとめてみましょう．疑問文をつくるには **ไหม** [マイ]（～ですか？）を文末につけます．，否定文をつくるには否定語 **ไม่** [マイ]（～ない）を否定したい語の前につけます．

เขามีพจนานุกรม カウ・ミー・ポッチャナーヌックロム	彼は辞書を持っています．
เขาไม่มีพจนานุกรม カウ・<u>マイ</u>・ミー・ポッチャナーヌックロム	彼は辞書を持っていません．
เขามีพจนานุกรมไหม カウ・ミー・ポッチャナーヌックロム・<u>マイ</u>	彼は辞書を持っていますか？
มี／ไม่มี ミー／<u>マイ</u>・ミー	持っています．／持っていません．

มี [ミー] 持つ，**พจนานุกรม** [ポッチャナーヌックロム] 辞書

คนนั้นรูปหล่อ コン・ナン・ルーッブロー	その人はハンサムです．
คนนั้นไม่รูปหล่อ コン・ナン・<u>マイ</u>・ルーッブロー	その人はハンサムではありません．
คนนั้นรูปหล่อไหม コン・ナン・ルーッブロー・<u>マイ</u>	その人はハンサムですか？
รูปหล่อ／ไม่รูปหล่อ ルーッブロー／<u>マイ</u>・ルーッブロー	ハンサムです．／ハンサムではありません．

รูปหล่อ [ルーッブロー] ハンサムな

บทที่ 7

これは何ですか？

นี่อะไรครับ

ソムスィーさんと上田さんは市場へやってきました．

อูเอดะ ウエダ	**คุณสมศรีครับ** クン・ソ̌ムスイ̌ー・クラッ̆プ	
	นี่อะไรครับ ニ̂ー・アライ・クラッ̆プ	
สมศรี ソ̌ムスィ̌ー	**นี่ผลไม้ไทยเรียกว่าทุเรียนค่ะ** ニ̂ー・ポ̌ンラマ́ーイ・タイ・リ̂アック・ワ̂ー・ドゥリアン・カ̂	
อูเอดะ ウエダ	**แล้วนั่นอะไรครับ** レ́ーウ・ナ̂ン・アライ・クラッ̆プ	
สมศรี ソ̌ムスィ̌ー	**นั่นก็ผลไม้เรียกว่ามังคุดค่ะ** ナ̂ン・ゴ̂ー・ポ̌ンラマ́ーイ・リ̂アック・ワ̂ー・マンクッ̆ト・カ̂	

上田	ソムスィーさん． これは何ですか？
ソムスィー	これはタイの果物で，ドリアンといいます．
上田	それでは，それは何ですか？
ソムチャイ	それも，マンゴスチンという果物ですよ．

นี่อะไร ■ これは何ですか？
[ニー・アライ]

นี่ [ニー] は「これ」，นั่น [ナン] は「それ」，โน่น [ノーン] は「あれ」を意味する指示代名詞です．ただし，โน่น [ノーン] はかなり距離感のあるものに対して使うので，実際はあまり使うことはありません．これらの後ろに「何」という意味の疑問詞 อะไร [アライ] をつけると「これ（それ，あれ）は何ですか？」という疑問文になります．この質問に答えるときは，นี่ [ニー]，นั่น [ナン]，โน่น [ノーン] の後ろに，答えとなる名詞をつければよいのです．ダイアローグ 3 で学習した，動詞にあたる เป็น [ペン] は必要ありません．

ก็ ■ 〜も
[ゴー]

主語の後ろにつけて「〜も」という意味を表わします．ผมก็ไป [ポム・ゴー・パイ]「僕も行きます」のように使います．

เรียกว่า 〜 ■ 〜という（と呼ばれている）
[リアック・ワー・〜]

名詞の後ろにつけて「〜という，〜と呼ばれている」という意味に使います．เรียก [リアック] は「呼ぶ」，ว่า [ワー] は「と」にあたる言葉です．

いろいろな表現

A: นี่อะไร
ニー・アライ

これは何ですか？

B: นี่ขนมไทย
ニー・カノム・タイ

これはタイのお菓子です．

ขนม [カノム] お菓子

A: นั่นอะไร
ナン・アライ

それは何ですか？

B: นั่นหนังสือพิมพ์ไทย
ナン・ナングスーピム・タイ

それはタイの新聞です．

หนังสือพิมพ์ [ナングスーピム] 新聞

日本のお正月写真を見て

A: นี่ภาษาญี่ปุ่นเรียกว่าอะไร
ニー・パーサー・イープン・リアック・ワー・アライ

これは日本語で何というのですか？

B: นี่ภาษาญี่ปุ่นเรียกว่ากิโมโน
ニー・パーサー・イープン・リアック・ワー・キモノ

これは日本語でキモノといいます．

42　๔๒
シーシップ・ソーング

ポイント

タイのくだもの

ผลไม้ くだもの
ポンラマーイ

มังคุด マンゴスチン
マンックット

มะพร้าว ココナツ
マプラーウ

มะม่วง マンゴー
マムアンッ

ทุเรียน ドリアン
トゥリアン

เงาะ ランブータン
ゾッ

ลิ้นจี่ ライチ
リンチー

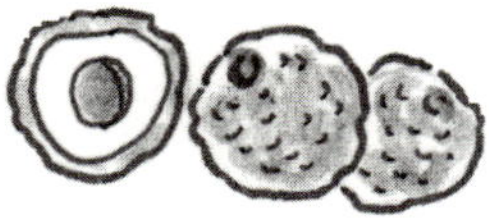

มะละกอ パパイヤ
マラゴー

สับปะรด パイナップル
サップパロット

บทที่ 8

これは学校ですか？

Track 30

นี่โรงเรียนหรือเปล่าครับ

ソムスィーさんと上田さんは，市内を歩いています．

อูเอดะ / ウエダ
คุณสมศรีครับ
クン・ソムスィー・クラップ

นี่โรงเรียนหรือเปล่าครับ
ニー・ローンヶリアン・ルー・プラーウ・クラップ

สมศรี / ソムスィー
ไม่ใช่ค่ะ นี่วัดค่ะ
マイ・チャイ・カ　ニー・ワット・カ

อูเอดะ / ウエダ
นั่นก็วัดใช่ไหมครับ
ナン・ゴー・ワット・チャイ・マイ・クラップ

สมศรี / ソムスィー
ใช่ค่ะ นั่นวัดชื่อวัดพระแก้วค่ะ
チャイ・カ　ナン・ワット・チュー・ワット・プラケーウ・カ

上田	ソムスィーさん．
	これは学校ですか？
ソムスィー	いいえ，ちがいます．これはお寺です．
上田	それもお寺でしょう？
ソムスィー	はい，そうです．
	それはエメラルド寺院という名前のお寺です．

วัด [ワット] 寺，**วัด พระแก้ว** [ワット・プラケーウ] エメラルド寺院

44　๔๔
シーシップ・シー

หรือเปล่า ■ ～ですか？（イエス・ノーを問う疑問文）
ルー・プラーウ

文末に **หรือเปล่า** [ルー・プラーウ] をつけることによって「～ですか？」とイエス・ノーを問う疑問文をつくることができます．この質問に答えるとき，肯定の場合，男性ならば **ครับ** [クラップ]，女性ならば **ค่ะ** [カ] と答えます．これは「はい」という意味です．否定の場合，名詞を否定するときは，名詞の前に **ไม่ใช่** [マイ・チャイ] を，その他の場合は，否定するものの直前に否定語 **ไม่** [マイ] を置きます．この **หรือเปล่า** [ルー・プラーウ] は，ダイアローグ 6 で学習した **ไหม** [マイ] （～ですか？）とほとんど同じ用法です．ただし，**ไหม** [マイ] は，「これ（それ，あれ）＋名詞」の文，「主語（人）＋**เป็น** [ペン] ＋名詞」の文に使うことはできませんが，**หรือเปล่า** [ルー・プラーウ] はそれらにも使うことができます．

ใช่ไหม ■ ～でしょう？
チャイ・マイ

文末につけて「～でしょう？」「～ですよね？」という確認の疑問文をつくります．自分である程度答えの予測がついている場合に用いるので，上にある純粋に事実を問う単純な疑問文 **หรือเปล่า** [ルー・プラーウ] とはニュアンスが異なります．この質問に答えるときは，肯定の場合は **ใช่** [チャイ]，否定の場合は **ไม่ใช่** [マイ・チャイ] と答えます．

หรือเปล่า [ルー・プラーウ]，**ไหม** [マイ]，**ใช่ไหม** [チャイ・マイ] の使い方については「V 文法について」に詳しい説明があります．

いろいろな表現

นี่ผลไม้ ニー・ポンラマーイ	これはくだものです．
นี่ไม่ใช่ผลไม้ ニー・マイ・チャイ・ポンラマーイ	これはくだものではありません．
นี่ผลไม้หรือเปล่า ニー・ポンラマーイ・ルー・プラーウ	これはくだものですか？
นี่ผลไม้ใช่ไหม ニー・ポンラマーイ・チャイ・マイ	これはくだものでしょう？
เขาเป็นอาจารย์ カウ・ペン・アーチャーン	彼は先生です．
เขาไม่ใช่อาจารย์ カウ・マイ・チャイ・アチャーン	彼は先生ではありません．
เขาเป็นอาจารย์หรือเปล่า カウ・ペン・アーチャーン・ルー・プラーウ	彼は先生ですか？
เขาเป็นอาจารย์ใช่ไหม カウ・ペン・アーチャーン・チャイ・マイ	彼は先生でしょう？
เขามา／เขาไม่มา カウ・マー／カウ・マイ・マー	彼は来ます．／彼は来ません．
เขามาหรือเปล่า（＝**เขามาไหม**） カウ・マー・ルー・プラーウ（＝カウ・マー・マイ）	彼は来ますか？
เขามาใช่ไหม カウ・マー・チャイ・マイ	彼は来るんでしょう？

ポイント

曜日の言い方

曜日の言い方を覚えましょう。**วัน** [ワン] は「日」という意味です。その後ろに惑星の名前をおきます。

日曜日 ⇨	**วันอาทิตย์** ワン・アーティット	木曜日 ⇨	**วันพฤหัส** ワン・パルハット
月曜日 ⇨	**วันจันทร์** ワン・チャン	金曜日 ⇨	**วันศุกร์** ワン・スック
火曜日 ⇨	**วันอังคาร** ワン・アンッカーン	土曜日 ⇨	**วันเสาร์** ワン・サーウ
水曜日 ⇨	**วันพุธ** ワン・プット		

「月」「年」の場合と同様，曜日の後ろに**นี้** [ニー], **หน้า** [ナー], **ที่แล้ว** [ティー・レーウ] をつけることによって，それぞれ「今週の〜曜日」「次の〜曜日」「この前の〜曜日」という意味になります。

今週の日曜日	⇨	**วันอาทิตย์นี้** ワン・アーティット・ニー
次の日曜日	⇨	**วันอาทิตย์หน้า** ワン・アーティット・ナー
この前の日曜日	⇨	**วันอาทิตย์ที่แล้ว** ワン・アーティット・ティー・レーウ

また，**วัน** [ワン] の後ろに「何」という意味の疑問詞 **อะไร** [アライ] をつけると，「何曜日ですか？」という疑問文になります。

今日は何曜日ですか？	**วันนี้วันอะไร** ワンニー・ワン・アライ
水曜日です．	**วันพุธ** ワン・プット

บทที่ 9

これはいくらですか？

นี่เท่าไรครับ

ソムスィーさんは上田さんを連れて，みやげ物屋に入ります．

สมศรี ソムスィー	ผ้าไหมนี้สวยนะ ขอดูหน่อยนะ パー・マイ・ニー・スティ・ナ ゴー・ドゥー・ノイ・ナ	
พ่อค้า ポーカー	เชิญครับ チューン・クラップ	
สมศรี ソムスィー	นี่เท่าไรคะ ニー・タウライ・カ	
พ่อค้า ポーカー	๕๐๐บาทครับ ハー・ローイ・バート・クラップ	
สมศรี ソムスィー	แพงไปนะ ペーング・パイ・ナ	

ソムスィー	このシルクとてもきれいね．ちょっと見せてちょうだい．
店員	どうぞ．
ソムスィー	これはいくらですか？
店員	500 バーツです．
ソムスィー	ずいぶん高いわね．

ผ้าไหม [パー・マイ] シルク，**ดู** [ドゥー] 見る，**เชิญ** [チューン] どうぞ，
บาท [バート] バーツ（タイの通貨）

๔๘
シーシップ・ペート

> ขอ~　　■　～させてください・～をください
> コー・～

動詞の前にขอ [コー] をつけることによって「～させてください」というお願いの文をつくることができます．また名詞の前に ขอ [コー] をおくと「～をください」という意味になります．

> นี่เท่าไร　　■　これはいくらですか？
> ニー・ダウライ

指示代名詞นี่ [ニー]（これ）の後ろに「いくら」にあたる疑問詞 เท่าไร [ダウライ] をつけると「これはいくらですか？」という疑問文になります．นี่ [ニー] のかわりに指示代名詞 นั่น [ナン]（それ），โน่น [ノーン]（あれ）や普通名詞を使うこともできます．覚えるフレーズ（8 ページ）も参照してください．

> แพงเกินไป　　■　高すぎる
> ペーン・クーン・パイ

形容詞の後ろに เกินไป [クーン・パイ] をつけることによって「～すぎる」「ずいぶん～だ」という意味の文をつくることができます．แพง [ペーン] は「(値段が) 高い」．เกินไป [クーン・パイ] は「～ (多) すぎる」という意味です．เกิน [クーン] は省略することもできます．

いろいろな表現

ขอพูดกับคุณทานากะ コー・プート・カップ・クン・タナカ	田中さんと話をさせてください．
ขอถามหน่อย コー・ターム・ノイ	ちょっと質問させてください．
ขอยืมปากกาหน่อย コー・ユーム・パーカー・ノイ	ちょっとペンを貸してください．
ขอเบอร์โทรศัพท์หน่อย コー・バー・トーラサップ・ノイ	ちょっと電話番号を（教えて）ください．

พูด [プート] 話す，**กับ** [カップ・〜] 〜と，**ถาม** [ターム] 質問する，
หน่อย [ノイ] ちょっと，**ยืม** [ユーム] 借りる，**ปากกา** [パーカー] ペン，
เบอร์โทรศัพท์ [バー・トーラサップ] 電話番号

อากาศเมืองไทยร้อนเกินไป アカート・ムアンヶ・タイ・ローン・クーン・パイ	タイの気候は暑すぎます．
ในกรุงเทพฯมีรถมากเกินไป ナイ・クルンヶテープ・ミー・ロット・マーク・クーン・パイ	バンコクには車が多すぎます．

อากาศ [アカート] 気候，**ใน** [ナイ] 中，
กรุงเทพฯ [クルンヶテープ] バンコク，**รถ** [ロット] 車

50　๕๐
ハーシップ

ポイント

数字の表わし方

タイ語では，数字は，アラビア数字の他に下記のようなタイ数字も用います（各ページの下のページ数の表記も参照してください）．

	0	1	2	3	4	5
タイ数字	๐	๑	๒	๓	๔	๕
	ศูนย์	หนึ่ง	สอง	สาม	สี่	ห้า
（読み方）	スーン	ヌンッ	ソーンッ	サーム	シー	ハー

	6	7	8	9	10
	๖	๗	๘	๙	๑๐
	หก	เจ็ด	แปด	เก้า	สิบ
	ホック	チェット	ペート	カウ	シップ

11〜19は，**สิบ** [シップ] (10) の後ろに1〜9までの数字をつけます．ただし11のように1の位の数字が1の場合は **หนึ่ง** [ヌンッ] (1) のかわりに **เอ็ด** [エット] を用います．これは21, 31などの20以上の場合でも同様です．また20は **สองสิบ** [ソーンッ・シップ] ではなく，**ยี่สิบ** [イーシップ] と表わします．30以上は，**สามสิบ** [サーム・シップ] (30)，**สี่สิบ** [シー・シップ] (40)…と日本語と同様に数字を並べていけばよいのです．100は **ร้อย** [ローイ] といいます．それでは実際に例をみていきましょう．

11 สิบเอ็ด　　　　[シップ・エット]　　18 สิบแปด　　　　[シップ・ペート]
25 ยี่สิบห้า　　　　[イーシップ・ハー]　　59 ห้าสิบเก้า　　　[ハーシップ・カウ]
61 หกสิบเอ็ด　　[ホックシップ・エット]　99 เก้าสิบเก้า　　[カウシップ・カウ]
100 หนึ่งร้อย　　　　　　　　　　[ヌンッ・ローイ]
101 หนึ่งร้อยเอ็ด　　　　　　　　　[ヌンッ・ローイ・エット]
289 สองร้อยแปดสิบเก้า　　　[ソーンッローイ・ペートシップ・カウ]
420 สี่ร้อยยี่สิบ　　　　　　　　　　[シーローイ・イーシップ]

10

まけてくれますか？

ลดได้ไหมคะ

ソムスィーさんと上田さんは，みやげ物屋で値段交渉をします．

สมศรี ソムスィー	นี่คุณ นี่ลดได้ไหมคะ ニー・クン ニー・ロッт・ダーイ・マイ・カ	ลด [ロッт] 値引きする
พ่อค้า ポーカー	ลดได้นิดหน่อยครับ ロッт・ダーイ・ニッт・ノイ・クラッッ	นิดหน่อย [ニッт・ノイ] 少し
สมศรี ソムスィー	๒๕๐ ได้ไหม ソーンӷローイ・ハーシッт・ダーイ・マイ	
พ่อค้า ポーカー	ไม่ได้ครับ นี่ของดีมากนะครับ マイ・ダーイ・クラッッ ニー・コーンӷ・ディー・マーӷ・ナ・クラッッ	
อูเอดะ ウエダ	งั้น ๓๐๐ ก็แล้วกัน ンガン・サームローイ・ゴー・レーウ・カン	
พ่อค้า ポーカー	ตกลงครับ トӷロンӷ・クラッッ	

ソムスィー　　ちょっとすみません，これ，まけてくれますか？
　店　員　　少しならおまけしますよ．
ソムスィー　　250 バーツでどう？
　店　員　　だめですよ．これはとってもいい品なんですよ．
　上　田　　それじゃあ，300 バーツではどうでしょう？
　店　員　　いいでしょう．

〜ได้ไหม　■　〜してくれますか？
〜・ダーイ・マイ

相手の動作について文末に ได้ไหม [ダーイ・マイ] をつけると「〜してくれますか？」という依頼の文を，一方，自分の動作について文末に ได้ไหม [ダーイ・マイ] をつけると「〜してもいいですか？」と許可を得る文をつくることができます．ได้ [ダーイ] は可能を表わす言葉，ไหม [マイ] は「〜ですか？」を意味する疑問詞です．これに対し「いいですよ」という答えは ได้ [ダーイ]，「だめですよ」という答えは ไม่ได้ [マイ・ダーイ] になります．

ของดี　■　いい品物
コーング・ディー

ของ [コーング] は「物・品物」，ดี [ディー] は「良い」という意味です．修飾語は，修飾される語の後ろにつけます．คนสวย [コン・スアイ]「きれいな人」，เรื่องสนุก [ルアング・サヌック]「面白い話」のように語をならべます．

〜ก็แล้วกัน　■　〜にしましょう
〜・ゴー・レーウ・カン

文末におくことによって，「〜ではどうでしょう」「〜にしましょう」という提案・選択を示すことができます．สิบบาทก็แล้วกัน [シップ・バート・ゴー・レーウ・カン]「10バーツではどうでしょう」，ไปทานข้าวก็แล้วกัน [パイ・ターン・カーウ・ゴー・レーウ・カン]「食事に行きましょう」のように使います．これに対して，同意するのならば，「いいですよ」と了解のニュアンスのある言葉 ตกลง [トックロング] で答えます．

いろいろな表現

ช่วยผมหน่อยได้ไหม チュアイ・ポム・ノイ・ダーイ・マイ	ちょっと私を手伝っていただけますか？
คุณกลับก่อนได้ไหม クン・クラップ・コーン・ダーイ・マイ	あなた先に帰っていただけますか？

ช่วย [チュアイ] 手伝う，**กลับ** [クラップ] 帰る，**ก่อน** [コーン] 先に

ถ่ายรูปที่นี่ได้ไหม ターイ・ループ・ティー・ニー・ダーイ・マイ	ここで写真を撮ってもいいですか？
สูบบุหรี่ที่นี่ได้ไหม スープ・ブリー・ティー・ニー・ダーイ・マイ	ここでタバコを吸ってもいいですか？

ถ่ายรูป [ターイ・ループ] 写真を撮る，**ที่นี่** [ティー・ニー] ここで，
สูบบุหรี่ [スープ・ブリー] タバコを吸う

A: จะรับอะไรดี チャッ・ラップ・アライ・ディー	何がいいですか（飲みますか）？
B: ขอกาแฟก็แล้วกัน コー・カフェー・ゴー・レーウ・カン	コーヒーにしましょう．
A: จะไปเมื่อไรดี チャッ・パイ・ムアライ・ディー	いつ行くのがいいですか？
B: พรุ่งนี้ก็แล้วกัน プルンニー・ゴー・レーウ・カン	明日ではどうでしょう．

รับ [ラップ] 受ける，**กาแฟ** [カーフェー] コーヒー

A：ไปสนามหลวงเท่าไร　　王宮前広場までいくらですか？
　　パイ・サナームルアンッ・タウライ
　　　　　　　　　　　　　　สนามหลวง ［サナームルアンッ］
　　　　　　　　　　　　　　王宮前広場

B：๘๐บาทก็แล้วกัน　　　80バーツでどうでしょう．
　　ペートシップ・バート・ゴー・レーウ・カン

ポイント

数量の表わし方

「〜人」「〜冊」「〜部」「〜枚」のように，物を数えるときの単位として使う言葉を類別詞と呼びます．その中で代表的なものを紹介します．このとき，（1）数量を表わす場合は「名詞＋数量＋類別詞」，（2）形容詞を用いる場合は「名詞＋類別詞＋形容詞」の語順になります．

（1）
　นักเรียน3คน　生徒３人
　ナッкリアン・サーム・コン
　หนังสือ2เล่ม　本２冊
　ナンッスー・ソーンッ・レム
　ขนม5อัน　　お菓子５個
　カノム・ハー・アン

（2）
　นักเรียนคนนี้　この生徒
　ナッкリアン・コン・ニー
　หนังสือเล่มใหม่　新しい本
　ナンッスー・レム・マイ
　ขนมอันใหญ่　大きなお菓子
　カノム・アン・ヤイ

นักเรียน ［ナッкリアン］生徒，
หนังสือ ［ナンッスー］本

ใหม่ ［マイ］新しい

この他，類別詞には，**ฉบับ** ［チャバッブ］「（新聞）〜部」，**ตัว** ［トゥア］「（犬）〜匹」，**ใบ** ［バイ］「（切符）〜枚」，**ขวด** ［クアット］「（ビン）〜本」などがあります．

บทที่ 11

アユタヤに行ったことはありますか？

Track 33

เคยไปอยุธยาหรือเปล่าคะ

ソムスィーさんと上田さんは，休日の相談をしています．

สมศรี คุณอูเอดะคะ
ソムスィー クン・ウエダ・カ

เคยไปอยุธยาหรือเปล่าคะ
クーイ・パイ・アユッタヤー・ルー・プラーウ・カ

อูเอดะ ไม่เคยครับ
ウエダ マイ・クーイ・クラップ

สมศรี หรือคะ
ソムスィー ルー・カ

อยุธยาเป็นเมืองโบราณมีวัดสวยเยอะ
アユッタヤー・ペン・ムアンッ・ボーラーン・ミー・ワット・スアイ・ヨッ

ถ้าคุณว่างวันอาทิตย์หน้า ไปเที่ยวกันดีไหมคะ
ター・クン・ワーンッ・ワン・アーティット・ナー・パイ・ティアウ・カン・ディー・マイ・カ

อูเอดะ ตกลงครับ ไปครับ
ウエダ トクロンッ・クラップ パイ・クラップ

56 ๕๖
ハーシップ・ホック

> **เคย〜** ■ （かつて）〜したことがある
> クーイ・〜

動詞の前につけて「〜したことがある」という意味を表わします．**เคย** [クーイ] ＋動詞＋ **หรือเปล่า** [ルー・プラーゥ]「〜したことがありますか？」という疑問文に対して，肯定の場合には **เคย** [クーイ]，否定の場合には **ไม่เคย** [マイ・クーイ] と答えます．

> **ถ้า〜** ■ もし〜ならば
> ダー・〜

「もし〜ならば」と仮定を表わします．
ถ้ามีเวลาว่างดิฉันจะไป [ダー・ミー・ウェラー・ワーング・ディチャン・チャッ・パイ]「もし暇な時間があったら，私は行きます」のように用います．
เวลา [ウェラー] は「時間」という意味です．

ソムスィー	上田さん．
	アユタヤに行ったことはありますか？
上　田	いいえ，ありません．
ソムスィー	そうなんですか？
	アユタヤは古い都市で，美しい寺院がたくさんあるんですよ．
	もし次の日曜日，お暇でしたら，一緒に行きましょう．
上　田	いいですね．行きましょう．

โบราณ [ボーラーン] 昔の，**เยอะ** [ヨッ] たくさん，**ว่าง** [ワーング] 暇な，**กัน** [カン] お互いに，一緒に

いろいろな表現

ผมเคยเรียนภาษาไทย
ポム・クーイ・リアン・パーサー・タイ
　　　　　　　　　僕はタイ語を勉強したことがあります．

ผมไม่เคยเรียนภาษาไทย
ポム・マイ・クーイ・リアン・パーサー・タイ
　　　　　　　　　僕はタイ語を勉強したことがありません．

คุณเคยเรียนภาษาไทยหรือเปล่า
クン・クーイ・リアン・パーサー・タイ・ルー・プラーウ
　　　　　　　　　あなたはタイ語を勉強したことがありますか？

ดิฉันเคยรู้จักคุณทานากะ
ディチャン・クーイ・ルーチャッッ・クン・タナカ
　　　　　　　　　私は田中さんに会ったことがあります．

ดิฉันไม่เคยรู้จักคุณทานากะ
ディチャン・マイ・クーイ・ルーチャッッ・クン・タナカ
　　　　　　　　　私は田中さんに会ったことがありません．

คุณเคยรู้จักคุณทานากะหรือเปล่า
クン・クーイ・ルーチャッッ・クン・タナカ・ルー・プラーウ
　　　　　　　　　あなたは田中さんに会ったことがありますか？

รู้จัก [ルーチャッッ] 会う，知り合う

> ถ้าเป็นดิฉัน คิดว่าไม่ไป　もし私だったら，きっと行かないと思います．
> ターﾍ・ペン・ディチャン　キット・ワー・マイ・パイ
>
> ถ้าไม่มีเงิน จะทำยังไงดี
> ター・マイ・ミー・ングン　チャッ・タム・ヤンガイ・ディー
> 　　　　もしお金がなかったら，いったいどうしたらいいのだろう．
>
> ถ้าเขาไม่ไป ดิฉันก็ไม่ไป　もし彼が行かないのなら，私も行きません．
> ター・カウ・マイ・パイ　ディチャン・ゴー・マイ・パイ

คิดว่า ～ [キット・ワー・～] ～と思う，**เงิน** [ングン] お金

ポイント

月の名前

月の名前を覚えましょう．語頭の**เดือน** [ドゥアン]（月）は省略可能です．タイ文字の頭文字を使った省略形で表わすこともできます．

1月	เดือนมกราคม	[ドゥアン・モッカラーコム]	ม.ค.
2月	เดือนกุมภาพันธ์	[ドゥアン・クムパーパン]	ก.พ.
3月	เดือนมีนาคม	[ドゥアン・ミーナーコム]	มี.ค.
4月	เดือนเมษายน	[ドゥアン・メーサーヨン]	เม.ย.
5月	เดือนพฤษภาคม	[ドゥアン・プルットサパーコム]	พ.ค.
6月	เดือนมิถุนายน	[ドゥアン・ミトゥナーヨン]	มิ.ย.
7月	เดือนกรกฎาคม	[ドゥアン・カラッカダーコム]	ก.ค.
8月	เดือนสิงหาคม	[ドゥアン・シンハーコム]	ส.ค.
9月	เดือนกันยายน	[ドゥアン・カンヤーヨン]	ก.ย.
10月	เดือนตุลาคม	[ドゥアン・トゥラーコム]	ต.ค.
11月	เดือนพฤศจิกายน	[ドゥアン・プルットサチカーヨン]	พ.ย.
12月	เดือนธันวาคม	[ドゥアン・タンワーコム]	ธ.ค.

บทที่ 12

なぜタイが好きなのですか？

ทำไมชอบเมืองไทยคะ

ソムスィーさんと上田さんは，タイと日本について話をします．

สมศรี คุณอูเอดะคะ ทำไมชอบเมืองไทยคะ
ソムスィー クン・ウエダ・カ タムマイ・チョープ・ムアンヶ・タイ・カ

อูเอดะ เพราะว่าอยู่เมืองไทยสบายดีครับ
ウエダ プロッ・ワー・ユー・ムアンヶ・タイ・サバーイ・ディー・クラップ

อาหารก็อร่อยดี
アーハーン・ゴー・アロイ・ディー

คุณล่ะครับ
クン・ラ・クラップ

คุณชอบประเทศญี่ปุ่นหรือเปล่าครับ
クン・チョープ・プラテート・イープン・ルー・プラウ・クラップ

สมศรี ดิฉันไม่เคยไปประเทศญี่ปุ่น
ソムスィー ディチャン・マイ・クーイ・パイ・プラテート・イープン

แต่คิดว่าชอบค่ะ
テー・キット・ワー・チョープ・カ

เพราะว่าดิฉันชอบคนญี่ปุ่นค่ะ
プロッ・ワー・ディチャン・チョープ・コン・イープン・カ

ทำไม~ ■ どうして~なのですか?
タムマイ・~

文頭につけて「どうして~なのですか?」と理由を問う疑問文をつくります. 質問に答えるときは **เพราะว่า~** [プロッ・ワー] (というのは~だからです) という言葉で答えます.

ทำไมไม่มาโรงเรียนเมื่อวานนี้ [タムマイ・マイ・マー・ローンヅリアン・ムアワンニー]「どうして昨日学校に来なかったのですか?」, **เพราะว่าไม่สบาย** [プロッ・ワー・マイ・サバーイ]「気分がすぐれなかったからです」のように用います.

คิดว่า~ ■ ~と思う
キット・ワー・~

คิด [キット] は「考える, 思う」, **ว่า** [ワー] は「~と」にあたる言葉です. 前項の **เพราะว่า** [プロッ・ワー] の **ว่า** [ワー] も同様です.
ดิฉันคิดว่าเขาไม่มา [ディチャン・キット・ワー・カウ・マイ・マー]「私は, 彼は来ないと思います」のように用います.

ソムスィー	上田さん. あなたはどうしてタイが好きなのですか?
上田	タイは居心地がいいからです.
	食事もおいしいし.
	あなたはどうですか?
	日本は好きですか?
ソムスィー	私は日本には行ったことはありませんが,
	好きだと思います.
	私は日本人が好きだからです.

いろいろな表現

A: ทำไมคุณวิไลพูดภาษาญี่ปุ่นเก่งมาก
タムマイ・クン・ウィライ・プート・パーサー・イープン・ケンｸ・マーｸ
　　どうしてウィライさんは日本語がとても上手なのですか？

เก่ง [ケンｸ] 上手な
นาน [ナーン] 長く

B: เพราะว่าเขาไปเรียนประเทศญี่ปุ่นนาน
プロッ・ワー・カウ・パイ・リアン・プラテート・イープン・ナーン
　　彼女は長く日本に留学していたからです．

A: ทำไมคุณไม่ไปกับเขา
タムマイ・クン・マイ・パイ・カッｸ・カウ
　　どうしてあなたは彼と一緒に行かないのですか？

B: เพราะว่ายุ่งมาก　とても忙しいからです．
プロッ・ワー・ユンｸ・マーｸ

ยุ่ง [ユンｸ] 忙しい

A: ทำไมคุณไม่ชอบอาหารไทย
タムマイ・クン・マイ・チョープ・アーハーン・タイ
　　どうしてあなたはタイ料理が好きではないのですか？

B: เพราะว่าไม่ชอบอาหารเผ็ด　辛い料理が苦手だからです．
プロッ・ワー・マイ・チョープ・アーハーン・ペッｔ

ดิฉันคิดว่าภาษาไทยยากมาก　私はタイ語はとても難しいと思います．
ディチャン・キッｔ・ワー・パーサー・タイ・ヤーｸ・マーｸ

เขาคิดว่าคุณทานากะเป็นคนไทย
カウ・キッｔ・ワー・クン・タナカ・ペン・コン・タイ
　　彼は田中さんがタイ人だと思っています．

ポイント

～と（言いました）

ว่า [ワー]（～と）は，คิด [キット]（考える，思う）や เพราะ [プロッ]（なぜなら）の他にも色々な動詞に用いることができます．

เขาพูดกับผมว่าภาษาไทยไม่ยากเท่าไร
カウ・プート・カップ・ポム・ワー・パーサー・タイ・マイ・ヤーク・ダウライ

彼は私に，タイ語はそんなに難しくはないと言いました．

ไม่ ～ เท่าไร [マイ・～・ダウライ] そんなに～ない

ผมรู้สึกว่าเขาเป็นคนดีมาก
ポム・ルースッ・ワー・カウ・ペン・コン・ディー・マーク

僕は，彼はとてもいい人だと感じました．

รู้สึก [ルースッ] 感じる

ครูถามนักเรียนว่าวันหยุดไปเที่ยวที่ไหนมา
クルー・ターム・ナックリアン・ワー・ワン・ユット・パイ・ティアウ・ティーナイ・マー

先生は生徒に，休日にどこに行ってきたか，たずねました．

ครู [クルー] 先生，ถาม [ターム] たずねる，
วันหยุด [ワン・ユット] 休日

นายชมว่าผมทำงานเก่ง
ナーイ・チョム・ワー・ポム・タムンガーン・ケンッ

（お店の）だんなは，私はよく働くとほめてくれました．

นาย [ナーイ]（お店の）だんな，ชม [チョム] ほめる

ภรรยาบอกผมว่าไม่ชอบอยู่ที่บ้านคนเดียว
パンヤー・ボーク・ポム・ワー・マイ・チョープ・ユー・ティー・バーン・コン・ディアウ

妻は僕に，ひとりで家にいるのは好きではないと言いました．

ภรรยา [パンヤー] 妻，บอก [ボーク] 言う，
คนเดียว [コン・ディアウ] ひとり

บทที่ 13

もう昼食は食べましたか？

ทานข้าวกลางวันแล้วหรือยังคะ

Track 35

ソムスィーさんは上田さんを昼食に誘います．

สมศรี / ソムスィー

คุณอูเอดะคะ
クン・ウエダ・カ

ทานข้าวกลางวันแล้วหรือยังคะ
ターン・カーウ・クラーンｸﾞ・ワン・レーウ・ルー・ヤンｸﾞ・カ

อูเอดะ / ウエダ

ยังครับ
ヤンｸﾞ・クラッﾌﾟ

ตอนนี้งานเสร็จแล้วพอดีครับ
トーン・ニー・ンｶﾞーン・セッﾄ・レーウ・ポー・ディー・クラッﾌﾟ

สมศรี / ソムスィー

งั้นไปทานข้าวด้วยกันไหม
ンｶﾞﾝ・パイ・ターン・カーウ・ドｩアイ・カン・マイ

ดิฉันรู้จักร้านอาหารอร่อยดีค่ะ
ディチャン・ルーチャッｸ・ラーン・アーハーン・アロイ・ディー・カ

อูเอดะ / ウエダ

จริงหรือครับ
チンｸﾞ・ルー・クラッﾌﾟ

ไปกันเถอะ
パイ・カン・トｩ

> ### ～ แล้วหรือยัง ■ もう～しましたか？
> ～・レーウ・ルー・ヤンッ

文末につけて「もう～しましたか？」と完了を問う疑問文をつくります．**แล้ว** [レーウ] は「もうすでに～しました」，**หรือ** [ルー] は「もしくは」，**ยัง** [ヤンッ] は「まだ」という意味です．この質問に答えるときは，肯定の場合は動詞の後に **แล้ว** [レーウ] をつけて「もう～しました」，否定の場合は **ยัง** [ヤンッ]「まだです」と答えます．つまり **ไปแล้วหรือยัง** [パイ・レーウ・ルー・ヤンッ]「もう行きましたか？」という質問に対して，肯定の場合は **ไปแล้ว** [パイ・レーウ]「もう行きました」，否定の場合は **ยัง** [ヤンッ]「まだです」と答えるのです．

> ### ～ กันเถอะ ■ （今から）～しましょう
> ～カン・トゥ

文末に **กันเถอะ** [カン・トゥ] をつけることによって，「～しましょう」という意味になります．「これから」「今すぐ」に行う動作について用いられます．

ソムスィー	上田さん． 昼食はもう食べましたか？
上　田	まだです． ちょうど今仕事の区切りがついたところなんです．
ソムスィー	それなら一緒に食事に行きませんか？ 私，おいしい店を知っているんですよ．
上　田	本当ですか． 行きましょう．

กลางวัน [クラーンッ・ワン] 昼間，**งาน** [ンガーン] 仕事，
เสร็จ [セット] 完了する，**พอดี** [ポー・ディー] ちょうど，
ร้านอาหาร [ラーン・アーハーン] 食堂，**จริง** [チンッ] 本当に，

いろいろな表現

A : ทำการบ้านเสร็จแล้วหรือยัง　宿題をもう終わらせましたか？
タム・カーン・バーン・セット・レーウ・ルー・ヤング

B : เสร็จแล้ว　　　　　　　　はい，もう終わりました．
セット・レーウ

　　ยัง　　　　　　　　　　　いいえ，まだです．
　　ヤング

การบ้าน [カーン・バーン] 宿題

A : คุณทานากะกลับบ้านแล้วหรือยัง
クン・タナカ・クラップ・バーン・レーウ・ルー・ヤング

　　　　　　　　　　　　　　田中さんはもう家に帰りましたか？

B : กลับแล้ว　　　　　　　　はい，もう帰りました．
クラップ・レーウ

　　ยัง　　　　　　　　　　　いいえ，まだです．
　　ヤング

A : คุณอ่านหนังสือเล่มนี้จบแล้วหรือยัง
クン・アーン・ナンッスー・レム・ニー・チョップ・レーウ・ルー・ヤング

　　　　　　　　　　　　　　あなたはもうこの本を読み終えましたか？

B : จบแล้ว　　　　　　　　はい，読み終えました．
チョップ・レーウ

　　ยัง　　　　　　　　　　　いいえ，まだです．
　　ヤング

อ่าน [アーン] 読む，จบ [チョップ] 終わる

ポイント

まだ〜していません

ยัง [ヤンｸ] は，否定語 ไม่ [マｲ]，過去を表わす言葉 ได้ [ダｰｲ] と動詞を伴って，「まだ〜していません」という否定文を作ることができます．

เขายังไม่ได้บอก カｳ・ヤンｸ・マｲ・ダｰｲ・ボｰｸ	彼はまだ話していません．
ผมยังไม่ได้เขียนจดหมาย ボム・ヤンｸ・マｲ・ダｰｲ・キｱン・チョットマｰｲ	僕はまだ手紙を書いていません．
เขายังไม่ได้แต่งงาน カｳ・ヤンｸ・マｲ・ダｰｲ・テｰンｯｸガｰン	彼はまだ結婚していません．

เขียน [キｱン] 書く，จดหมาย [チョットマｰｲ] 手紙，
แต่งงาน [テｰンｯｸガｰン] 結婚する

บทที่ 14

タイの夏は日本の夏よりも暑いです．

Track 36

ฤดูร้อนเมืองไทยร้อนกว่าฤดูร้อนประเทศญี่ปุ่นครับ

ソムスイーさんと上田さんは，タイと日本の季節について話をします．

อูเอดะ / ウエダ
แหม วันนี้ร้อนจังเลย
メー・ワンニー・ローン・チャング・ルーイ

สมศรี / ソムスィー
ตอนนี้ฤดูร้อนค่ะ
トーンニー・ルドゥー・ローン・カ

ร้อนที่สุดใน๓ฤดูของเมืองไทยค่ะ
ローン・ティースット・ナイ・サーム・ルドゥー・コーング・ムアング・タイ・カ

ฤดูร้อนที่ญี่ปุ่นกับที่เมืองไทย
ルドゥー・ローン・ティー・イープン・カップ・ティー・ムアング・タイ

ที่ไหนร้อนกว่ากันคะ
ティー・ナイ・ローン・クワー・カン・カ

อูเอดะ / ウエダ
ผมคิดว่าที่เมืองไทยร้อนกว่าครับ
ポム・キット・ワー・ティー・ムアング・タイ・ローン・クワー・クラップ

上　田　　ああ，今日は何て暑いんだろう．
ソムスィー　今は，暑期ですからね．
　　　　　　タイの3つの季節のうちでいちばん暑いんです．
　　　　　　日本の暑期とタイのとでは，どちらがより暑いですか？
上　田　　僕はタイの方が暑いと思います．

จังเลย [チャング・ルーイ] とても（口語），**ใน** [ナイ] 中，中で

> ～ ที่สุด　■　いちばん～です（最上）
> 　～・ディースット

「いちばん～です」という表現を最上級といいます．最上級の場合は形容詞の後ろに ที่สุด [ディースット] をつけます．ที่สุด [ディースット] には「最も」という意味があります．

> A ～ กว่า B　■　A は B よりも～です（比較級）
> 　　　クヴァー

「より～だ」という表現を比較級といいます．A＋形容詞＋ กว่า [クヴァー] と，形容詞の後ろに กว่า [クヴァー] をつけることで「より～だ」という比較級の文をつくることができます．

更に比較対象をつけたい場合には，A＋形容詞＋ กว่า [クヴァー] ＋B と，กว่า [クヴァー] の後ろに比較対象をおきます．

> A・กับ・B・AB 共通の類別詞・ไหน・～・กว่ากัน
> 　　カップ　　　　　　　　　　　　ナイ　　　クヴァー・カン
> 　■　A は B とではどちらがより～ですか

「A と B とではどちらがより～ですか？」という比較級の疑問文をつくる場合は，A と B を「～と」という意味の กับ [カップ] でつないで A・กับ [カップ]・B＋AB 共通の類別詞＋ ไหน [ナイ] ＋形容詞＋ กว่า [クヴァー] ＋ กัน [カン] と文章を組み立てます．ไหน [ナイ] は「どちら」，กัน [カン] は「お互い」という意味です．AB 共通の類別詞がない場合は，「種類」という意味の類別詞 อย่าง [ヤーング] を使います．

いろいろな表現

比較級

A: อาหารไทยกับอาหารญี่ปุ่นอย่างไหนเผ็ดกว่ากัน
アーハーン・タイ・カップ・アーハーン・イープン・ヤーンヶ・ナイ・ペット・クウー・カン
タイ料理と日本料理とでは，どちらの方が辛いですか？

B: อาหารไทยเผ็ดกว่า　　タイ料理の方が辛いです．
アーハーン・タイ・ペット・クウー

A: ไปวันนี้กับพรุ่งนี้อย่างไหนดีกว่ากัน
パイ・ワンニー・カップ・プルンヶニー・ヤーンヶ・ナイ・ディー・クウー・カン
今日行くのと明日行くのとでは，どちらの方がいいですか？

B: ไปพรุ่งนี้ดีกว่า　　明日行く方がいいです．
パイ・プルンヶニー・ディー・クウー

最上級

อาหารไทยเผ็ดที่สุด　　タイ料理がいちばん辛いです．
アーハーン・タイ・ペット・ティースット

ไปพรุ่งนี้ดีที่สุด　　明日行くのがいちばんいいです．
パイ・プルンヶニー・ディー・ティースット

ポイント

季節

タイには，3つの季節があります．それらは暑期（3～4月）・雨期（5～10月）・寒期（11～2月）と呼ばれています．暑期には日中の気温が40度近くまで上がり、夜になっても30度を下まわることはありません．一年中で最も暑さの厳しい季節です．雨期になると気温は少し下がってスコールが降るようになります．たいへん激しい雨ですが，すぐにさっとあがるので，比較的しのぎやすい季節といえるでしょう．寒期は雨もほとんど降らず涼しく快適な気候で，旅行には最適の季節です．それでは季節の表現を見ていきましょう．**ฤดู** [ルドゥー] は「季節」という意味です．

- 暑期 ⇨ **ฤดูร้อน** [ルドゥー・ローン] (**ร้อน** [ローン] 暑い)
- 雨期 ⇨ **ฤดูฝน** [ルドゥー・フォン] (**ฝน** [フォン] 雨)
- 寒期 ⇨ **ฤดูหนาว** [ルドゥー・ナーウ] (**หนาว** [ナーウ] 寒い)

日本の四季は次のように言います．

- 春 ⇨ **ฤดูใบไม้ผลิ** [ルドゥー・バイ・マイ・プリ]
  (**ใบไม้** [バイ・マイ] 葉, **ผลิ** [プリ] 芽吹く)
- 夏 ⇨ **ฤดูร้อน** [ルドゥー・ローン]
- 秋 ⇨ **ฤดูใบไม้ร่วง** [ルドゥー・バイ・マイ・ルアング]
  (**ร่วง** [ルアング] 落ちる)
- 冬 ⇨ **ฤดูหนาว** [ルドゥー・ナーウ]

บทที่ 15

先生は毎日日本語の練習をさせます.

Track 37

อาจารย์ให้ผมฝึกภาษาญี่ปุ่นทุกวันครับ

上田さんとソムチャイさんは，タイ語と日本語の勉強について話をします．

อูเอดะ　คุณสมชายครับ
ウエダ　クン・ソ̌ムチャイ・クラ́ッㇷ゚

　　　เรียนภาษาญี่ปุ่นเป็นอย่างไรบ้างครับ
　　　リアン・パーサ̌ー・イ͡ーㇷ゚ン・ペン・ヤ͡ーンｹﾞﾗｲ・バ͡ーンｸﾞ・クラ́ッㇷ゚

สมชาย　สนุกดีแต่ยากมากครับ
ソ̌ムチャイ　サヌ̀ッㇰ・ディー・テ̄ー・ヤ͡ーㇰ・マ͡ーㇰ・クラ́ッㇷ゚

　　　อาจารย์ให้ผมฝึกภาษาญี่ปุ่นทุกวันครับ
　　　アーチャーン・ハ̂イ・ポ̌ム・フ̀ッㇰ・パーサ̌ー・イ͡ーㇷ゚ン・トｩ́ッㇰ・ワン・クラ́ッㇷ゚

　　　คุณล่ะครับ　เรียนภาษาไทยยากไหมครับ
　　　クン・ラ̀・クラ́ッㇷ゚　リアン・パーサ̌ー・タイ・ヤ͡ーㇰ・マ̌イ・クラ́ッㇷ゚

อูเอดะ　ยากเหมือนกันครับ
ウエダ　ヤ͡ーㇰ・ムア̌ン・カ̄ン・クラ́ッㇷ゚

　　　ตอนนี้กำลังหัดเขียนอ่านตัวหนังสือไทยอยู่ครับ
　　　ト̄ーン・ニ́ー・ガムランｸﾞ・ハ̀ッㇳ・キ̌アン・アーン・トｩ̄ア・ナ̌ンｸﾞス̌ー・タイ・ユ̀ー・クラ́ッㇷ゚

72　๗๒
チェ͡ットシッㇷ゚・ソ̌ーン͡ｸﾞ

ให้ ~　■　~させる
　ハイ~

ให้ [ハイ] の直後に「人」をもってきて「ให้ [ハイ] ＋人＋動詞」とすることで「(人)に~させる」という使役の文をつくります。また「人」を省略して「ให้ [ハイ] ＋動詞」で「~させる」とすることもできます。

กำลัง ~ อยู่　■　~しているところです
　カムラング・~・ユー

「กำลัง [カムラング] ＋動詞＋อยู่ [ユー]」で「~しているところです」という現在進行形の文をつくることができます。กำลังทานข้าวอยู่ [カムラング・ターン・カーウ・ユー]「食事をしているところです」のように用います。กำลัง [カムラング] もしくは อยู่ [ユー] のみで用いることもあります。

上田　　　ソムチャイさん。
　　　　　日本語の勉強はどんな感じですか？
ソムチャイ　楽しいけれど，とても難しいです。
　　　　　先生は私に，毎日，日本語の練習をさせます。
　　　　　あなたはどうですか？
　　　　　タイ語の勉強は難しいですか？
上田　　　やっぱり難しいです。
　　　　　今はタイ文字の読み書きの練習をしているんです。

บ้าง [バーング] いくらか，いくぶん，ฝึก [フック] 練習する，
ทุกวัน [トゥック・ワン] 毎日，เหมือนกัน [ムアン・ガン] 同じ，同様に，
หัด [ハット] 練習する，ตัวหนังสือ [トゥア・ナングスー] 文字

いろいろな表現

使役文

คุณแม่ให้ดิฉันทำความสะอาด　母は私に掃除をさせます．
クン・メー・ハイ・ディチャン・タム・クワーム・サアート

เขาให้เด็กไปซื้อบุหรี่　　　彼は子供にタバコを買いに行かせます．
カウ・ハイ・デック・パイ・スー・ブリー

อาจารย์ให้นักเรียนเขียนจดหมายเป็นภาษาไทย
アーチャーン・ハイ・ナックリアン・キアン・チョットマーイ・ペン・パーサー・タイ
　　　　　　　　　　　　　　先生は生徒にタイ語で手紙を書かせます．

ทำความสะอาด [タム・クワーム・サアート] 掃除をする，
เด็ก [デック] 子供，บุหรี่ [ブリー] タバコ，
เป็นภาษาไทย [ペン・パーサー・タイ] タイ語で

現在進行形

เขากำลังสอนภาษาไทยอยู่　彼はタイ語を教えている最中です．
カウ・カムラング・ソーン・パーサー・タイ・ユー

คุณสมศรีกำลังพูดโทรศัพท์อยู่　ソムスィーさんは電話で話をしているところです．
クン・ソムスィー・カムラング・プート・トーラサップ・ユー

เรากำลังเตรียมการสอบอยู่　私たちは試験の準備をしているところです．
ラウ・カムラング・トリアム・カーン・ソープ・ユー

สอน [ソーン] 教える，โทรศัพท์ [トーラサップ] 電話，
เตรียม [トリアム] 準備をする，การสอบ [カーン・ソープ] 試験

ポイント

～してあげる

ให้ [ハイ] にはもともと「与える・あげる」という意味があります．ですから，「**ให้** [ハイ] ＋物＋人」で「(人) に (物) をあげる」，動詞の後ろに「**ให้** [ハイ] ＋人」をつけた「動詞＋**ให้** [ハイ] ＋人」で「(人) のために～してあげる (してくれる)」と訳すことができるのです．

แฟนให้ดอกไม้ดิฉัน フェーン・ハイ・ドーゥマーイ・ディチャン	恋人は私に花をくれました．
อาจารย์ให้หนังสือนักเรียน アーチャーン・ハイ・ナンゥスー・ナッゥリアン	先生は生徒に本をあげました．
เขาให้อะไรคุณ カウ・ハイ・アライ・クン	彼はあなたに何をくれましたか？
แม่ซื้อขนมให้เด็ก メー・スー・カノゥム・ハイ・デッゥ	お母さんは子供にお菓子を買ってあげます．
เพื่อนตัดเสื้อให้ดิฉัน プアン・タッゥト・スア・ハイ・ディチャン	友人は私に服を仕立ててくれます．
เขาสอนทำอาหารไทยให้ดิฉัน カウ・ソーン・タム・アーハーン・タイ・ハイ・ディチャン	彼は私にタイ料理の作り方を教えてくれます．

แฟน [フェーン] 恋人，**ดอกไม้** [ドーゥマーイ] 花，
ตัดเสื้อ [タッゥト・スア] 服を仕立てる

บทที่ 16

どうぞ，とりあえず中へお入りください．

Track 38

เชิญข้างในก่อนซิครับ

上田さんはソムスィーさんの家をたずねました．

อูเอดะ / ウエダ
คุณสมศรีอยู่ไหมครับ
クン・ソムスィー・ユー・マイ・クラップ

สมชาย / ソムチャーイ
ไม่อยู่ครับ
マイ・ユー・クラップ

ตอนนี้ออกไปซื้อของครับ
トーン・ニー・オーク・パイ・スー・コーング・クラップ

ออก [オーク] 出る

เดี๋ยวคงจะกลับ
ディアウ・コング・チャッ・クラップ

เชิญข้างในก่อนซิครับ
チューン・カーングナイ・コーン・シ・クラップ

ข้างใน [カーングナイ] 内側，中

อูเอดะ / ウエダ
ขอบคุณครับ
コープ・クン・クラップ

上田　　ソムスイーさんはいますか？
ソムチャイ　いません．
　　　　　今，買い物にでているんですよ．
　　　　　きっともうすぐ帰ってくるでしょう
　　　　　どうぞ，とりあえず中へお入り下さい．
上田　　ありがとう．

เดี๋ยว～ ■ もうすぐ
［ディアウ・～］

「もうすぐ」「やがて」という意味です。
เดี๋ยวไป ［ディアウ・パイ］（もうすぐ行きます）のように用います．

คงจะ～ ■ きっと～でしょう
［コング・チャ・～］

動詞の前につけて「きっと～でしょう」と推量を表わします．**จะ** ［チャッ］は省略することもできます．否定文をつくるときは，否定語 **ไม่** ［マイ］を **คงจะ** ［コング・チャッ］と動詞の間において，**คงจะ** ［コング・チャ］＋**ไม่** ［マイ］＋動詞とします．

เชิญ～ ■ どうぞ～
［チューン・～］

名詞・動詞の前につけて「どうぞ～して下さい」と相手にすすめるときに用います．文末の **ซิ** ［シ］は勧誘の気持ちを強調する役目をしています．**เชิญ** ［チューン］一語を，「どうぞ」という意味で用いることもできます．

～ก่อน ■ まずは～
［～コーン］

動詞の後ろにつけて「まずは」「先に」といった意味になります．**ทานข้าวก่อน** ［ターン・カーウ・コーン］「まずはお召し上がりください」，**ผมไปก่อน** ［ポム・パイ・コーン］「僕は先に行きます＝お先に失礼します」のように用います．

いろいろな表現

「きっと~でしょう」

วันนี้ฝนคงจะตก — 今日はきっと雨が降るでしょう．
ワンニー・フォン・コンｇ・チャッ・トッｋ

เขาคงจะชอบอาหารญี่ปุ่น — 彼はきっと日本料理が好きでしょう．
カウ・コンｇ・チャッ・チョーｐ・アーハーン・イープン

เขาคงจะไม่สบาย เลยไม่มาโรงเรียน
カウ・コンｇ・チャッ・マイ・サバーイ ルーイ・マイ・マー・ローンｇリアン
彼はきっと体調がよくないのでしょう．それで学校に来ないのです．

ตก [トッｋ] 落ちる，(雨が) 降る， **เลย** [ルーイ] それで，そのため

「どうぞ~」

เชิญทางนี้ซิ — どうぞこちらへ．
チューン・ターンｇ・ニー・シ

เชิญทานซิ — どうぞ召し上がってください．
チューン・ターン・シ

เชิญนั่งซิ — どうぞお座りください．
チューン・ナンｇ・シ

ทางนี้ [ターンｇ・ニー]「この方向」つまり「こちら」， **นั่ง** [ナンｇ] 座る

ポイント

〜する前に・〜した後に

ก่อน [コーン] には，時間的前後関係を表わす働きがあり，その後ろに名詞・動詞をおくことによって，「〜の前に」「〜する前に」と表現することができます．また，**ก่อน** [コーン] の反対語である **หลัง** [ラング] の後ろに名詞・動詞をおくと，それぞれ「〜の後に」(**หลัง** [ラング] 〜)，「〜した後に」(**หลังจาก** [ラング・チャーク] 〜) となります．

เดินเล่นก่อนอาหาร 食前に散歩をします． **เดินเล่น** [ドゥーン・レン]
ドゥーン・レン・コーン・アーハーン 散歩をする

เราต้องไปก่อนเที่ยง 私たちは昼前に行かなくてはなりません．
ラウ・トーング・パイ・コーン・ティアング **เที่ยง** [ティアング] 正午

อาบน้ำก่อนนอน 寝る前にお風呂に入ります． **อาบน้ำ** [アーブ・
アーブ・ナーム・コーン・ノーン ナーム] 水浴びをする

ดิฉันเรียนภาษาไทยก่อนไปเมืองไทย **นอน** [ノーン] 寝る
ディチャン・リアン・パーサー・タイ・コーン・パイ・ムアング・タイ
私はタイへ行く前にタイ語を勉強しました．

ดื่มเหล้าหลังอาหาร 食後にお酒を飲みます．
ドゥーム・ラウ・ラング・アーハーン **เหล้า** [ラウ] お酒

วันนี้ดิฉันว่างหลังเที่ยง 今日私は昼すぎから暇です．
ワンニー・ディチャン・ワーング・ラング・ティアング

ไปดูหนังหลังจากทานข้าว 食事をした後，映画を見に行きます．
パイ・ドゥー・ナング・ラング・チャーク・ターン・カーウ
หนัง [ナング] 映画

คุณแม่ไปซื้อของหลังจากพบเพื่อน
クン・メー・パイ・スー・コーング・ラング・チャーク・ポップ・プアン
母は，友達に会った後，買い物に行きます．

บทที่ 17

風邪をひいたのかもしれません．

ผมอาจจะเป็นหวัดครับ

具合の悪そうな上田さんに，ソムスィーさんはたずねます．

สมศรี วันนี้คุณดูไม่ค่อยสบายนะ
ソムスィー　ワンニー・クン・ドゥー・マイ・コーイ・サバーイ・ナ

เป็นอะไรหรือคะ
ペン・アライ・ルー・カ

อูเอดะ ผมรู้สึกเจ็บคอ อาจจะเป็นหวัดครับ
ウエダ　ポム・ルースック・チェップ・コー　アーッチャッ・ペン・ワット・クラップ

สมศรี งั้นไปหาหมอดีกว่าค่ะ
ソムスィー　ンガン・パイ・ハー・モー・ディー・クワー・カ

ดิฉันรู้จักหมอเก่งไปไหมคะ
ディチャン・ルーチャック・モー・ケンง・パイ・マイ・カ

ソムスィー	今日はあまり元気ではなさそうですね．どうしたんですか？
上　田	何だか喉が痛いんです．風邪をひいたのかもしれません．
ソムスィー	それじゃあ，お医者さんに行った方がいいですね．いいお医者さんを知っているので，行ってみませんか？

ไม่ค่อย ～ ［マイ・コーイ・～］ あまり～ではない．
ไปหาหมอ ［パイ・ハー・モー］ 医者にかかる

ดู〜　■　〜に見える
ドゥー・〜

ดู [ドゥー] はもともとは「見る」という意味ですが、、後ろに動詞や形容詞を続けることで，「〜のように見える」という意味にもなります．เขาดูโมโห [カウ・ドゥー・モーホー]「彼は怒っているように見える」のように使います．โมโห [モーホー] は「怒る」という意味です．

เป็นอะไรหรือ　■　どうしたんですか？
ペン・アライ・ルー

เป็น [ペン] はもともとは「〜である」と状態を表わしたり，「〜になる」と変化を表わしたりする言葉で，後ろに「何」という疑問詞 อะไร [アライ] をおくことによって「どうしたんですか？」と様子をたずねる疑問文をつくることができます．また เป็น [ペン] には「病気にかかる」という意味もあり，後ろに หวัด [ワット]（風邪）をおくと「風邪をひく」という意味になります．

อาจจะ〜　■　〜かもしれない
アーッチャッ・〜

動詞の前につけて「〜かもしれない」と推量を表わします．否定文をつくるときは，前出の คงจะ [コンヶ・チャッ] と同様に，否定語 ไม่ [マイ] を อาจจะ [アーッチャッ] と動詞の間において อาจจะ [アーッチャッ] ＋ ไม่ [マイ] ＋動詞とします．

〜ดีกว่า　■　〜した方がよい
〜・ディー・クヮー

動詞の後ろに ดีกว่า [ディー・クヮー] をおくことによって「〜した方がよい」と人にすすめる文をつくることができます．「〜しない方がよい」と否定文をつくるときは，動詞の前に否定語 ไม่ [マイ] をつけて ไม่ไปดีกว่า [マイ・パイ・ディー・クヮー]「行かない方がよい」とします．

いろいろな表現

พรุ่งนี้ฝนอาจจะตก 明日は雨が降るかもしれない．
プルンニー・フォン・アーッチャッ・トッ

เขาพูดภาษาไทยเก่งมาก อาจจะเคยอยู่เมืองไทยนาน
カウ・プート・パーサー・タイ・ケンッ・マーッ　アーッチャッ・クーイ・ユー・ムアンッ・タイ・ナーン
　　彼はタイ語がとても上手だ．長くタイにいたことがあるのかもしれません．

เขาอาจจะไม่ชอบอาหารไทย
カウ・アーッチャッ・マイ・チョーッ・アーハーン・タイ
　　彼はタイ料理が好きではないのかもしれません．

เขาอาจจะยังไม่ตื่น ไปปลุกดีกว่า
カウ・アーッチャッ・ヤンッ・マイ・トゥーン　パイ・プルッ・ディー・クヴー
　　彼はまだ起きていないかもしれない．起こしに行った方がいいです．

　　　　　　　　　　　ตื่น [トゥーン] 起きる，**ปลุก** [プルッ] 起こす

คุณปรึกษาคุณแม่ดีกว่า　　あなたはお母さんに相談した方がいい．
クン・プルッサー・クン・メー・ディー・クヴー

　　　　　　　　　ปรึกษา [プルッサー] 相談する

คุณไปเรียนประเทศญี่ปุ่นดีกว่า　あなたは日本に留学した方がいい．
クン・パイ・リアン・プラテート・イープン・ディー・クヴー

ไม่ให้เขาดื่มเหล้าดีกว่า　　彼にはお酒を飲ませない方がいい．
マイ・ハイ・カウ・ドゥーム・ラウ・ディー・クヴー

วันนี้อากาศไม่ดี ไม่ไปข้างนอกดีกว่า
ワンニー・アーカート・マイ・ディー　マイ・パイ・カーンッノーッ・ディー・クヴー
　　今日は天気が悪いから，外出しない方がいい．

　　　　　　　　ไปข้างนอก [パイ・カーンッノーッ] 外出する

ポイント

病気の症状

ここでは病気の症状を表わす言い回しを覚えましょう.

タイ語	意味	タイ語	意味
ไม่สบาย　マイ・サバーイ	具合が悪い		
เป็นหวัด　ペン・ワット	風邪をひく	หวัด [ワット]	風邪
มีไข้　ミー・カイ	熱がある	ไข้ [カイ]	熱
ปวดหัว　プアット・プア	頭が痛い	ปวด [プアット]	痛い（内部からの痛み）
		หัว [プア]	頭
ปวดท้อง　プアット・トーング	お腹が痛い	ท้อง [トーング]	お腹
เจ็บคอ　チェップ・コー	喉が痛い	เจ็บ [チェップ]	痛い（傷の痛み）
		คอ [コー]	喉

83　ペートシップ・サーム

บทที่ 18

何時に待ち合わせしましょうか？

เจอกันกี่โมงดีล่ะคะ

上田さんはソムスィーさんを映画に誘います．

อูเอดะ / ウエダ
วันอาทิตย์หน้าคุณว่างไหมครับ
ワン・アーティット・ナー・クン・ヴーンッ・マイ・クラップ

สมศรี / ソムスィー
ว่างค่ะ ทำไมคะ
ヴーンッ・カ　タムマイ・カ

อูเอดะ / ウエダ
อยากจะชวนไปดูหนังสักหน่อยครับ
ヤーク・チャッ・チュアン・パイ・ドゥー・ナンッ・サック・ノイ・クラップ

สมศรี / ソムスィー
หนังเรื่องอะไรคะ
ナンッ・ルアンッ・アライ・カ

อูเอดะ / ウエダ
เรื่องคู่กรรมครับ
ルアンッ・クー・カム・クラップ

สมศรี / ソムスィー
ดีซิค่ะ แล้วจะเจอกันกี่โมงดีล่ะ
ディー・シ・カ　レーウ・チャッ・チュー・カン・キー・モーンッ・ディー・ラ

อูเอดะ / ウエダ
๑๑ โมงเช้านะครับ
シップ・エット・モーンッ・チャーウ・ナ・クラップ

สมศรี / ソムスィー
ตกลงค่ะ
トッロンッ・カ

> ว่าง　■　暇な
> ヴァーング

もともとは「空いた」「からっぽの」といった意味ですが，転じて「暇な」という意味にも用います．ไม่มีเวลาว่าง [マイ・ミー・ウェラー・ヴァーング]「暇な時間がない」のように使います．また ห้องว่าง [ホーング・ヴァーング] (空室)，อาหารว่าง [アーハーン・ヴァーング] (おやつ〈暇なとき食べる〉) という使い方もあります．

> กี่โมง　■　何時？
> キー・モーング

類別詞の前にกี่ [キー] をおくことによって，「いくつの？」と数をたずねることができます．กี่โมง [キー・モーング] の他にも，กี่วัน [キー・ワン] (何日間？)，กี่คน [キー・コン] (何人？)，กี่บาท [キー・バート] (何バーツ？) といった形で使います．

また，数字の後にโมง [モーング] を，おくことによって「～時」と時刻を表わすことができます．ですから๑๑โมง [シップ・エット・モーング] (11時) となるのです．

上　田	今度の日曜日，お暇ですか？
ソムスィー	暇です．なぜですか？
上　田	ちょっと映画に誘いたいと思って．
ソムスィー	何の映画ですか？
上　田	『クー・カム』です．
ソムスィー	いいですね．
	では，何時に待ち合わせしたらいいでしょうか？
上　田	午前11時にしましょう．
ソムスィー	わかりました．

ชวน [チュアン] 誘う，สักหน่อย [サック・ノイ] ちょっと，
เรื่อง [ルアング] 話，物語，เจอกัน [チュー・カン] 会う

๘๕ 85
ペートシップ・ハー

いろいろな表現

A : **เมื่อคืนนี้นอนกี่โมง**　　昨晩，何時に寝ましたか？
　　ムアクーンニー・ノーン・キー・モーンｸﾞ

B : **๔ทุ่ม**　　夜10時です．
　　シー・トゥム

เมื่อคืนนี้ [ムア・クーンニー] 昨晩，

A : **รถเมล์ออกกี่โมง**　　バスは何時に出ますか？
　　ロットメイ・オーｸ・キー・モーンｸﾞ

B : **๘โมงเช้า**　　朝8時です．
　　ペート・モーンｸﾞ・チャーウ

รถเมล์ [ロットメイ] バス

A : **ตอนนี้กี่โมง**　　今，何時ですか？
　　トーンニー・キー・モーンｸﾞ

B : **บ่าย๓โมงครึ่ง**　　午後3時半です．
　　バーイ・サーム・モーンｸﾞ・クルンｸﾞ

ครึ่ง [クルンｸﾞ] 半分，「～時半」という表現にはこの **ครึ่ง** [クルンｸﾞ] を使います．

86　๘๖
　　ペートシップ・ホック

ポイント

時刻の表現

昔は，1時間毎に，朝の6時から夕方6時までは銅鑼を，夕方6時から朝の6時までは太鼓をたたいて時刻を知らせました．昼間の時刻を表わす **โมง** [モーング] は「ボーン」という銅鑼の音，夜の時刻を表わす **ทุ่ม** [トゥム] は「トーン」という太鼓の音を表わしています．ただし，午前1時から午前5時までは習慣的に，**ทุ่ม** [トゥム] ではなく **ตี** [ティー]（やはり「たたく」の意）を用います．

เช้า [チャーウ] は「朝」，**บ่าย** [バーイ] は「午後」，**เย็น** [イェン] は「夕方」，**คืน** [クーン] は「夜」という意味です．**เช้า** [チャーウ] と **เย็น** [イェン] は省略することもできます．

午前6時	๖โมงเช้า ホック・モーング・チャーウ	午後2時	บ่าย๒โมง バーイ・ソーング・モーング	午後10時	๔ทุ่ม シー・トゥム		
午前7時	๗โมงเช้า チェット・モーング・チャーウ	午後3時	บ่าย๓โมง バーイ・サーム・モーング	午後11時	๕ทุ่ม ハー・トゥム		
午前8時	๘โมงเช้า ペート・モーング・チャーウ	午後4時	๔โมงเย็น シー・モーング・イェン	午前0時	เที่ยงคืน ティアング・クーン		
午前9時	๙โมงเช้า カウ・モーング・チャーウ	午後5時	๕โมงเย็น ハー・モーング・イェン	午前1時	ตี๑ ティー・ヌング		
午前10時	๑๐โมงเช้า シップ・モーング・チャーウ	午後6時	๖โมงเย็น ホック・モーング・イェン	午前2時	ตี๒ ティー・ソーング		
午前11時	๑๑โมงเช้า シップ・エット・モーング・チャーウ	午後7時	๑ทุ่ม ヌング・トゥム	午前3時	ตี๓ ティー・サーム		
正午	เที่ยง ティアング	午後8時	๒ทุ่ม ソーング・トゥム	午前4時	ตี๔ ティー・シー		
午後1時	บ่ายโมง バーイ・モーング	午後9時	๓ทุ่ม サーム・トゥム	午前5時	ตี๕ ティー・ハー		

レストランにて

ソムスィーさんと上田さんは，タイ料理のレストランに行きました．

สมศรี ขอดูเมนูหน่อยค่ะ
ソムスィー コー・ドゥー・メーヌー・ノイ・カ

บริกรสาว นี่ค่ะ จะรับเครื่องดื่มอะไรดีคะ
ポリコーン・サーウ ニー・カ チャッ・ラッ・クルアンッ・ドゥーム・アライ・ディー・カ

สมศรี ขอเบียร์ขวดหนึ่งแล้ว ก็น้ำส้มที่หนึ่งค่ะ
ソムスィー コー・ビア・クアット・ヌンッ・レーウコー・ナムソム・ティー・ヌンッ・カ

แล้วคุณอูเอดะอยากจะทานอะไรคะ
レーウ・クン・ウエダ・ヤーッ・チャッ・ターン・アライ・カ

อูเอดะ ผมอยากจะลองทานต้มยำกุ้งดูครับ
ウエダ ポム・ヤーッ・チャッ・ローンッ・ターン・トムヤムクンッ・ドゥー・クラッブ

สมศรี ดีนะคะ งั้นขอต้มยำกุ้ง ทอดมันปลา ส้มตำ
ソムスィー ディー・ナ・カ ンガン・コー・トムヤムクンッ・トートマンプラー・ソムタム

แล้วก็ข้าวสวยด้วย แค่นี้ก่อนค่ะ
レーウコー・カーウスアイ・ドゥアイ ケーニー・ゴーン・カ

บริกรสาว ค่ะ รอสักครู่ค่ะ
ポリコーン・サーウ カ ロー・サッククルー・カ

        ソムスィー　メニューを見せてください．
        ウェイトレス　はい，どうぞ．お飲物は何にしますか？
        ソムスィー　ビール1本とオレンジジュースをひとつください．
　　　　　　　　上田さん，何を食べたいですか？
          上田　私はトムヤムクンを食べてみたいです．
        ソムスィー　いいですね．それじゃ，トムヤムクンと，トートマン
　　　　　　　プラーと，ソムタム，それから白いご飯をください．
　　　　　　　とりあえずこれだけで．
        ウェイトレス　はい．少々お待ちください．

เมนู [メーヌー] メニュー, บริกรสาว [ボリコーンサーゥ] ウエイトレス, เครื่องดื่ม [クルアンク・ドゥーム] 飲み物, น้ำส้ม [ナムソム] オレンジジュース, ที่หนึ่ง [ティー・ヌンク] 一人前（ที่ [ティー] ～人前）, อยากจะลอง~ดู [ヤーク・チャッ・ローンク・～・ドゥー] ～してみたい, ต้มยำกุ้ง [トムヤムクンク] タイ風のすっぱいスープ, ทอดมันปลา [トートマンプラー] タイ風さつまあげ, ส้มตำ [ソムタム] タイ風青パパイヤのサラダ, ข้าวสวย [カーゥ・スアイ] ライス, แค่นี้ [ケーニー] これだけ, ก่อน [コーン] まずは, とりあえず, รอ [ロー] 待つ, สักครู่ [ザックルー] 少しの間

สมศรี ソムスィー	คุณอูเอดะคะ อาหารไทยเป็นอย่างไรบ้างคะ クン・ウエダ・カ アーハーン・タイ・ペン・ヤーンクライ・バーンク・カ
อูเอดะ ウエダ	อร่อยมากครับ アロイ・マーク・クラップ
สมศรี ソムスィー	สั่งอะไรอีกไหมคะ サンク・アライ・イーク・マイ・カ
อูเอดะ ウエダ	ไม่ต้องครับ อิ่มแล้วครับ ขอบคุณครับ マイ・トーンク・クラップ イム・レーゥ・クラップ コープ・クン・クラップ
สมศรี ソムスィー	งั้นหรือคะ ไม่ต้องเกรงใจนะคะ ンガン・ルー・カ マイ・トーンク・クレーンクチャイ・ナ・カ
	คุณค่ะ เช็คบิลล์ด้วยค่ะ クン・カ チェック・ビン・ドゥアイ・カ

ソムスィー	上田さん, タイ料理はどう？
上田	とてもおいしいです.
ソムスィー	もう少し何か注文しましょうか？
上田	いいえ, もうお腹がいっぱいです. どうもありがとう.
ソムスィー	そうですか？ 遠慮なさらないでくださいね.（ウェイトレスに）すみません, お勘定お願いします.

สั่ง [サンク] 注文する, อีก [イーク] もう少し, อิ่ม [イム] 満腹になる, เกรงใจ [クレーンクチャイ] 遠慮する, เช็คบิลล์ [チェック・ビン] お勘定お願いします

บทที่ 19

チェンマイまで長距離バスで何時間かかりますか？

Track 41

ไปเชียงใหม่โดยรถทัวร์ใช้เวลากี่ชั่วโมงครับ

上田さんはチェンマイに遊びに行くことになりました．

อูเอดะ (ウエダ)
คุณสมศรีครับ
クン・ソムスィー・クラップ

ไปเชียงใหม่โดยรถทัวร์ใช้เวลากี่ชั่วโมงครับ
パイ・チェンマイ・ドーイ・ロットゥア・チャイ・ウェラー・キー・チュアモーング・クラップ

สมศรี (ソムスィー)
ราวๆ๘ชั่วโมงค่ะ
ラーウ・ラーウ・ペート・チュアモーング・カ

รถทัวร์ออกจากสถานีสายเหนือใกล้ๆที่นี่
ロットゥア・オーク・チャーク・サターニー・サーイ・ヌア・グライ・グライ・ティー・ニー

ถ้าออก๘ทุ่มจะถึงเชียงใหม่วันรุ่งขึ้นค่ะ
ター・オーク・シー・トゥム・チャッ・トゥング・チェンマイ・ワン・ルング・クン・カ

อูเอดะ (ウエダ)
หรือครับ งั้นสะดวกดีนะครับ
ルー・クラップ　ンガン・サドゥアック・ディー・ナ・クラップ

รถทัวร์ [ロット・トゥア] 長距離バス，โดย～ [ドーイ・～] ～で（手段），
ราวๆ [ラーウ・ラーウ] およそ，だいたい，
สถานีสายเหนือ [サターニー・サーイ・ヌア] 北行きバスターミナル，
ถึง～ [トゥング] ～に到着する，**วันรุ่งขึ้น** [ワン・ルング・クン] 翌日，
สะดวก [サドゥアック] 便利だ

> ใช้เวลา ~　■　~（時間が）かかる
> チャイ・ウェラー・~

ใช้ [チャイ] はもともとは「使う」という意味ですが，後ろに เวลา [ウェラー]（時間），更にその後ろに「~年，~か月，~日，~時間，~分，等々」というようにある一定期間をおくことで，「~（時間が）かかる」と所要時間を表わすことができます．

> กี่ชั่วโมง　■　何時間？
> キー・チュアモーング

ダイアローグ 18 において โมง [モーング] が時刻を表わしていたのに対し，この ชั่วโมง [チュアモーング] は時間（= 60 分）を表わします．ですから「いくつの」と数をたずねる疑問詞 กี่ [キー] を前におくことで「何時間？」と所要時間をたずねることができるのです．

> ขึ้น ~　■　~に乗る
> クン・~

ขึ้น [クン] にはもともと「上がる，上げる」という意味がありますが，後ろに乗り物をおくことによって，「~（乗り物）に乗る」という意味になります．ขึ้นรถ [クン・ロット]「自動車に乗る」，ขึ้นรถไฟ [クン・ロットファイ]「汽車に乗る」，ขึ้นเครื่องบิน [クン・クルアング・ビン]「飛行機に乗る」のように用います．

　　上　田　　ソムスィーさん．
　　　　　　　チェンマイまで長距離バスで何時間かかりますか？
　ソムスィー　だいたい 8 時間くらいかかります．
　　　　　　　バスはすぐ近くの北行きバスターミナルから出ていて，
　　　　　　　夜 10 時に出れば翌朝にはチェンマイに着きますよ．
　　上　田　　そうですか．それは便利ですね．

いろいろな表現

A: **คุณเรียนภาษาไทยวันละกี่ชั่วโมง**
クン・リアン・パーサー・タイ・ワン・ラ・キー・チュアモーング
あなたは1日何時間タイ語を勉強しますか？

B: **ราวๆ๒ชั่วโมง**
ラーウ・ラーウ・ソーング・チュアモーング
だいたい2時間です．

วันละ [ワン・ラ] 1日につき，**ละ** [ラ] 〜につき，〜あたり

A: **เมื่อคืนนี้คุณนอนกี่ชั่วโมง**
ムア・クーンニー・クン・ノーン・キー・チュアモーング
あなたは昨晩何時間寝ましたか？

B: **๖ชั่วโมง**
ホック・チュアモーング
6時間です．

ดิฉันเดินวันละ๒ชั่วโมงเพื่อสุขภาพ
ディチャン・ドゥーン・ワン・ラ・ソーング・チュアモーング・プア・スックカパープ
私は健康のために1日2時間歩きます．

เดิน [ドゥーン] 歩く，**เพื่อ〜** [プア] 〜のために，**สุขภาพ** [スックカパープ] 健康

ポイント

乗り物の乗り方

ここでは乗り物のチケット購入の場面を想定してみましょう．

何時に出発しますか？	ออกกี่โมง オーク・キー・モーンg
どこから出発しますか？	ออกจากที่ไหน オーク・チャーク・ティー・ナイ
何時間かかりますか？	ใช้เวลากี่ชั่วโมง チャイ・ウェラー・キー・チュアモーンg
切符は1枚いくらですか？	ตั๋วคนละเท่าไร トゥア・コン・ラ・ダウライ
アユタヤ行きの切符を3枚下さい．	ตั๋วไปอยุธยา๓ใบ トゥア・パイ・アユタヤー・サーム・バイ

ตั๋ว [トゥア] 切符，**คนละ** [コン・ラ] 1人につき

チェンマイ行きの長距離バス	รถทัวร์ไปเชียงใหม่ ロットトゥア・パイ・チェンgマイ
フアヒン行きの汽車	รถไฟไปหัวหิน ロットファイ・パイ・フアヒン
プーケット行きの飛行機	เครื่องบินไปภูเก็ต クルアンgビン・パイ・プーケット

บทที่ 20

親愛なるソムスィーさん.

Track 42

คุณสมศรีเพื่อนรัก

上田さんは旅先のチェンマイからソムスィーさんに葉書を出しました.

คุณสมศรีเพื่อนรัก
クン・ゾムズィー・プアン・ラッㇰ

ผมถึงเชียงใหม่เช้านี้แล้วครับ
ポム・ドゥンɡ・チェンɡマイ・チャーウ・ニー・レーウ・クラッㇷ゚

วันนี้จะไปทัศนาจรดอยสุเทพและ
ワンニー・チャッ・パイ・タッㇳサナチョーン・ドーイステーㇷ゚・レ・

จะทานขันโตกครับ
チャッ・ターン・カンㇳーㇰ・クラッㇷ゚

ผมจะกลับกรุงเทพฯวันที่๒๓
ポム・チャッ・クラッㇷ゚・クルンɡテーㇷ゚・ワン・ティー・イーシッㇷ゚・ザーム

จะซื้อของที่ระลึกไปให้คุณด้วยนะครับ
チャッ・スー・コーンɡ・ティーラルッㇰ・パイ・ハイ・クン・ドゥアイ・ナ・クラッㇷ゚

อูเอดะ
ウエダ

20กันยายน พ.ศ.2542
ワン・ティー・イーシッㇷ゚ カンヤーヨン
ポー・ゾー・ゾーンɡ・パン・ハー・ローイ・シーシッㇷ゚・ゾーンɡ

94 ๙๔
カウシッㇷ゚・シー

> **คุณสมศรีเพื่อนรัก** ■ 親愛なる友人ソムスィーさん
> クン・ソムスィー・プアン・ラック

手紙での呼びかけによく使う「親愛なる〜さん」はタイ語では
คุณ ~ **เพื่อนรัก** [クン・〜・プアン・ラック] と表わします．**เพื่อน** [プアン]
は「友人」，**รัก** [ラック] は「愛する」という意味です．

> **20 กันยายน พ.ศ.2542** ■ 仏暦2542年9月20日
> ワン・ティー・イースィップ カンヤーヨン
> ポー・ソー・ソーング・パン・ハー・ローイ・シースィップ・ソーング

タイ語では日付は「日にち，月，年」の順で表わします．日本語とは逆です．日にちは「**วัน** [ワン] ＋ **ที่** [ティー] ＋数字」と表わします．この **ที่** [ティー] ＋数字は「第〜番目」という意味です．**พ.ศ.** [ポー・ソー] は「仏暦」という意味ですが，年号を表わす場合，タイでは西暦よりも仏暦を用いる方がふつうです．西暦がキリストの誕生を起点としているのに対し，仏暦は仏陀の入滅を起点としていて，西暦に543年を足すと，仏暦の年号になります．ですから西暦の2000年は，仏暦では2543年となるのです．

พ.ศ. ＝「仏暦」[ポー・ソー] **พุทธศักราช** [プット・サックカラート] の略
ค.ศ. ＝「西暦」[コー・ソー] **คริสต์ศักราช** [クリット・サックカラート] の略
พุทธ [プット] 仏陀，**คริสต์** [クリット] キリスト，**ศักราช** [サックカラート] 紀元

親愛なる友人ソムスィーさん／私は今朝，チェンマイに到着しました．／今日はこれからドイステープを観光し／カントーク料理を食べに行く予定です．／23日にはバンコクに戻ります．／おみやげを買っていきますね．／上田／仏暦2542年9月20日

เช้านี้ [チャーウ・ニー] 今朝，**ทัศนาจร** [タットサナーチョーン] 観光する，
ดอยสุเทพ [ドーイステープ] ドーイステープ（チェンマイの有名観光地），
ขันโตก [カントーク] カントーク料理（一人用の足つき盆にいろいろな北タイ料理をのせたチェンマイの名物料理），
ของที่ระลึก [コーング・ティーラルック] おみやげ

いろいろな表現

A : **วันเกิดคุณวันที่เท่าไร** あなたの誕生日はいつですか？
ワン・クート・クン・ワン・ティー・ダウライ

B : **วันที่๑๔สิงหาคมพ.ศ.๒๕๐๗** 仏暦2507年8月14日です．
ワン・ティー・シップ・シー・シンヶハーコム・
ポーソー・ソーンヶ・パーン・ハー・ローイ・チェット

วันเกิด [ワン・クート] 誕生日
วันที่เท่าไร [ワン・ティー・ダウライ] 何日ですか？

A : **คุณจบมหาวิทยาลัยเมื่อไร** あなたはいつ大学を卒業しましたか？
クン・チョップ・マハーウイタヤライ・ムアライ

B : **จบเมื่อพ.ศ.๒๕๓๑** 仏暦2531年です．
チョップ・ムア・ポーソー・ソーンヶ・パーン・ハー・ローイ・サームシップ・エット

A : **ปีนี้พ.ศ.เท่าไร** 今年は仏暦何年ですか？
ピー・ニー・ポーソー・ダウライ

B : **พ.ศ.๒๕๔๒** 仏暦2542年です．
ポーソー・ソーンヶ・パーン・ハー・ローイ・シーシップ・ソーンヶ

「仏暦何年ですか？」は **พ.ศ.เท่าไร** [ポーソー・ダウライ] の他に
พ.ศ.อะไร [ポーソー・アライ] という言い方もできます．

ポイント

知っていると便利なフレーズ

おめでとうございます．
ขอแสดงความยินดีด้วย
コー・サデーンッ・クワーム・インディー・ドゥアイ

残念ですね．お悔やみ申し上げます．
ขอแสดงความเสียใจด้วย
コー・サデーンッ・クワーム・シアチャイ・ドゥアイ

明けましておめでとうございます．
สวัสดีปีใหม่
サワットディー・ピー・マイ

お誕生日おめでとうございます．
สุขสันต์วันเกิด
スックサン・ワン・クート

どうぞお大事に．
ขอให้รักษาตัวให้ดี
コー・ハイ・ラックサー・トゥア・ハイ・ディー

ご幸運を！グッド・ラック
โชคดี
チョーク・ディー

แสดง [サデーンッ] 示す，ความยินดี [クワーム・インディー] 喜び，
ความเสียใจ [クワーム・シアチャイ] 残念な気持ち，
ปีใหม่ [ピー・マイ] 新年，ความสุข [クワーム・スック] 幸福，
รักษาตัว [ラックサー・トゥア] 身体に気をつける

97
カウシップ・チェット

III 発音について

タイ語は「子音＋母音」（例：maa）もしくは「子音＋母音＋子音」（例：maak）で構成されており，さらにそこに声調の要素が加わって音節が成り立っています．それではタイ語の発音の3大要素である「声調」「母音」「子音」を見ていきましょう．

Track 44 | 声　調

タイ語では，同じ発音の言葉でも音の高低によって意味が異なります．この音の高低のことを「声調」と言いますが，この声調はタイ語の大きな特徴のひとつです．タイ語には次のような5つの声調があります．

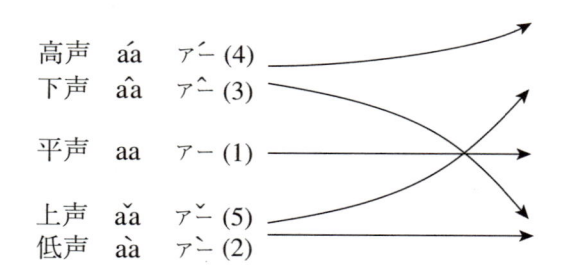

```
高声   áa   ア- (4)
下声   âa   ア- (3)
平声   aa   ア- (1)
上声   ǎa   ア- (5)
低声   àa   ア- (2)
```

aa「アー」という発音で，5つの声調について説明しましょう．

(1)　平声　aa　ァー　「アー」と自然な高さで平らに声をのばします．5声の基準となります．
(2)　低声　àa　ァー　(1)の平声よりも低い音を平らにのばします．
(3)　下声　âa　ァー　(1)の平声よりも高いところから思いきって音を下げます．
(4)　高声　áa　ァー　(1)の平声よりも高い音をさらに上昇させます．
(5)　上声　ǎa　ァー　低い音から思いきって音を上げます．

※ これらの声調は，カタカナおよびアルファベット表記においては，記号なし（平声），ヽ（低声），＾（下声），´（高声），ˇ（上声）という記号で表記します．

Track 45

母音

タイ語には以下の9つの母音があり，それぞれに短く音をきる短母音と長く音をのばす長母音があります．

(1) a　　aa　　日本語の「ア」「アー」と同じです．
　　(-ะ　-า)

(2) i　　ii　　日本語の「イ」「イー」と同じです．
　　(-ิ　-ี)

(3) ɯ　　ɯɯ　日本語の「イ」を発音するときの唇の形をして
　　(-ึ　-ือ)　「ウ」「ウー」と発音します．

(4) u　　uu　　日本語の「ウ」よりも唇をすぼめて「ウ」「ウー」
　　(-ุ　-ู)　と発音します．

(5) e　　ee　　日本語の「エ」「エー」と同じです．
　　(เ-ะ　เ-)

(6) ɛ　　ɛɛ　　日本語の「エ」を発音するときよりも口を大きく開
　　(แ-ะ　แ-)　けて「ア」と「エ」の中間のような音をだします．

(7) o　　oo　　日本語の「オ」「オー」と同じです．
　　(โ-ะ　โ-)

(8) ɔ　　ɔɔ　　日本語の「オ」を発音するときよりも若干口を大き
　　(เ-าะ　-อ)　く開け口の中を広くして，「オ」と「ア」の中間のような音をだします．

(9) ə　　əə　　唇を自然と半開きにしたような状態で，日本語の
　　(เ-อะ　เ-อ)「ア」と「ウ」の中間のような音をだします

※ 本書においては便宜上，(3) と (4) を「ウ」「ウー」，(5) と (6) を「エ」「エー」，(7) と (8) を「オ」「オー」，(9) を「ウ」「ウー」または「ア」「アー」とカタカナ表記しますが，実際には上記のような違いがあります．それぞれの相違については，タイ文字表記を見て発音の区別をしてください．

以上の短母音・長母音の他に，次の3つの二重母音があります．

(1) ia (เ–ีย)　最初の i を心持ち長めに発音し，最後に a を軽くつけ足すような感じで「イーア」と発音します．
(2) ɯa (เ–ือ)　最初の ɯ を心持ち長めに発音し，最後に a を軽くつけ足すような感じで「ウ(ɯ)ーア」と発音します．
(3) ua (–ัว)　最初の u を心持ち長めに発音し，最後に a を軽くつけ足すような感じで「ウーア」と発音します．

子音

タイ語には全部で 21 の子音があります．

無気音と有気音

タイ語の子音を発音するときは，無気音・有気音をはっきり区別して発音しなくてはなりません．無気音は息を止めるようにして発音し，有気音は息を吐き出すように発音します．口の前に薄紙をたらして発音してみましょう．無気音のときは薄紙は動かず，有気音のときは薄紙は大きく動くはずです．無気音・有気音の区別のある子音は次の4対です．下の表において k, c, t, p の後ろについている h は有気音を表わしています．

無気音	有気音	語例（無気音）	（有気音）
k ก	kh ข, ค …	kài [カイ] にわとり ไก่	khài [カイ] 卵 ไข่
c จ	ch ฉ, ช …	cai [チャイ] 心 ใจ	chaai [チャーイ] 男 ชาย
t ต	th ถ, ท …	taa [ター] 目 ตา	thaa [ター] 塗る ทา
p ป	ph ผ, พ …	pai [パイ] 行く ไป	phai [パイ] 危険 ภัย

※本書では，有気音は通常のカタカナ表記，無気音は［カイ］のように該当部分に上線をひいて区別をしています．

その他の子音
タイ語には上記の8つの子音の他に，以下の13の子音があります．
　ŋ　d　n　b　f　m　r　l　y　w　s　h　'
ŋ と ' 以外はローマ字読みと同じ発音です．
ŋ は「番号」というときの「んご」のように，鼻にかかる音です．
' は，母音を発音する前に喉の奥をいったん閉じることを表わしています．母音の前にはいつもついています．

※本書においては，子音 ŋ をカタカナ表記する際，それが語頭にあるとき，つまり頭子音として使われているときは，ガ行の前に小さな「ン」をつけて［ンガ］［ング］‥と表記し（例：งuu ŋuu［ングー］蛇），末子音として使われているときは［ング］と表記します（例：นั่ง n̂aŋ［ナング］座る）．（「頭子音」「末子音」の意味については次ページ末子音の項を参照のこと）
子音 ' は特に表記はしません．

二重子音
子音には，ふたつの子音をならべて発音する二重子音があります．
二重子音は以下のように全部で11あります．

kr-	(กร-)	kl-	(กล-)	kw-	(กว-)
khr-	(ขร-・คร-)	khl-	(ขล-・คล-)	khw-	(ขว-・คว-)
tr-	(ตร-)				
pr-	(ปร-)	pl-	(ปล-)		
phr-	(พร-)	phl-	(ผล-・พล-)		

二重子音を発音するときは，例えば plaa のように，ひとつめの子音には母音は伴わずに発音します．

※カタカナ表記では，母音を伴わない子音を表わすことはできません．ですから，本書においては，例えば k̠lai ならば［クライ］とカタカナ表記しますが，実際には k の子音には母音は伴っていません．タイ語表記を見てきちんと区別するようにして下さい．

末子音

タイ語には「子音＋母音」で成り立っている音節と「子音＋母音＋子音」で成り立っている音節があります．それぞれの音節の最初におかれている子音を「頭子音」，「子音＋母音＋子音」の最後におかれている子音を「末子音」といいます．子音についてのこれまでの説明は，すべて頭子音についての説明でした．ここでは末子音について見ていきましょう．末子音には以下のものがあります．

促音節（「っ」とつまる音で終わる音節）の末子音

- -k (ーก)　「ゆっくり」といいかけて「ゆっ」のところで止める感じの発音です．［ーㇰ］とカタカナ表記をします．
  語例：phàk (ผัก)　［パッㇰ］野菜
- -p (ーบ)　「たっぷり」といいかけて「たっ」のところで止める感じの発音です．［ーㇷ゚］とカタカナ表記をします．
  語例：klàp (กลับ)　［クラッㇷ゚］帰る
- -t (ーด)　「ちょっと」といいかけて「ちょっ」のところで止める感じの発音です．［ーㇳ］とカタカナ表記をします．
  語例：phûut (พูด)　［プーㇳ］話す
- -ʔ　短母音です．驚いて「エッ」と言うときの発音です．［ーッ］とカタカナ表記をします．
  語例：càʔ (จะ)　［チャッ］（意志の助動詞）

平音節（-m, -n, -ŋ, -i, -o および長母音で終わる音節）の末子音

- -m (ーม)　「だんまり」といいかけて「だん」のところで止める感じの発音です．［ーム］とカタカナ表記をします．
  語例：phǒm (ผม)　［ポ゚ム］（男性一人称）僕
- -n (ーน)　「あんない」といいかけて「あん」のところで止める感じ

の発音です．[ーン] とカタカナ表記をします．
語例：rian (เรียน) [リアン] 勉強する

-ŋ (ーง)　「ばんぐみ」といいかけて「ばん」のところで止める感じの発音です．[ーンク͡ゲ] とカタカナ表記をします．
語例：sàŋ (สั่ง) [サン͡ク͡ゲ] 注文する

-i (ーย)　語尾に軽く [イ] を添えます．
[ーイ] とカタカナ表記をします．
語例：sŭai (สวย) [スア͡イ] 美しい

-o (ーว)　語尾に軽く [ウ] を添えます．
[ーウ] とカタカナ表記をします．
語例：khâao (ข้าว) [カ͡ーウ] ごはん

※本書の発音・文字の説明においては，子音および子音字について，特に「末子音（末子音字）」と記していない場合は，頭子音（頭子音字）を指すものとします．

IV 文字について

タイ文字は，子音を表わす子音字，母音を表わす母音字，そして声調を表わす声調記号の3つの要素から成り立っています．

下の例のように，子音字の上下左右に母音字を，子音字の上に声調記号をおく仕組みになっており，左から右へ横書きします．

Track
49 例：

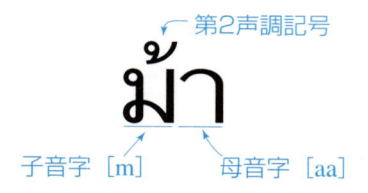

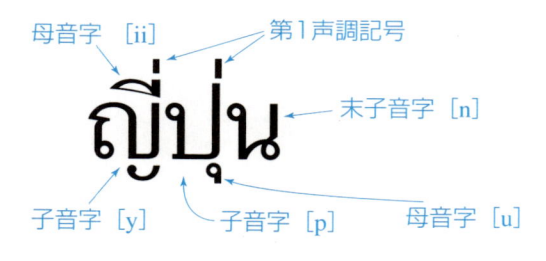

第2声調記号

ม้า

子音字 [m]　母音字 [aa]

máa ［マー］ 馬

母音字 [ii]　第1声調記号

ญี่ปุ่น　末子音字 [n]

子音字 [y]　子音字 [p]　母音字 [u]

yîipùn ［イープン］ 日本

104　๑๐๔
ヌング・ローイ・シー

子音字

子音字は 44 字あります．そのうち 2 字は廃字になっていますので，現在使われている文字は 42 字です．42 の子音字は，「中子音字」「高子音字」「低子音字」と 3 つの種類に分けることができます．この分類は，声調を決める重要な要素となります．

表の見方

◆ ●色は中子音字，○色は高子音字，●色は低子音字です．
◆ ไก่
  kài [カイ]
  にわとり
  枠内右側の部分は，それぞれの子音字の呼び名です．この呼び名は，同じ音をもつ子音字を区別するときに便利です．例えば，k (ɔɔ) と発音する子音字は ก だけですが，kh (ɔɔ) と発音する子音字は ข・ค・ฆ の 3 つがあります．この 3 つを区別するときに，

  ข・ไข่   kh (ɔɔ)・khài   [コー・カイ]   卵の kh (ɔɔ)
  ค・ควาย   kh (ɔɔ)・khwaai [コー・クワーイ]   水牛の kh (ɔɔ)
  ฆ・ระฆัง   kh (ɔɔ)・rakhaŋ [コー・ラカング]   鐘の kh (ɔɔ)

  といって区別をします．
◆ 枠内左側の大きく印字されたそれぞれの子音字の下にアルファベットおよびカタカナ表記が 2 段にわたって記されていますが，1 段目の表記（例：k (ɔɔ)：コー）は，該当子音字が頭子音字として機能する場合の音，2 段目の表記（例：—k：—ック）は，末子音字として機能する場合の音です（頭子音・末子音については，**発音について**・末子音，**文字について**・末子音字の項目を参照のこと）．
◆ 子音字は母音字をともなってはじめて音節として成り立つわけですが，子音字をアルファベットとして単独で読むときには，後ろに [ɔɔ] をつけて発音します．

子音字一覧表

#	字	例語	読み
①	ก k(ɔɔ): コー -k : -ｸ	ไก่ kài	[ガイ] にわとり
②	ข kh(ɔɔ): コー -k : -ｸ	ไข่ khài	[カイ] 卵
③	ค kh(ɔɔ): コー -k : -ｸ	ควาย khwaai	[クワーイ] 水牛
④	ฆ kh(ɔɔ): コー -k : -ｸ	ระฆัง rakhaŋ	[ラカンｸ] 鐘
⑤	ง ŋ(ɔɔ): ŋゴー -ŋ : -ンｸ	งู ŋuu	[ンｸﾞー] 蛇
⑥	จ c(ɔɔ): チョー -t : -ﾄ	จาน caan	[チャーン] 皿
⑦	ฉ ch(ɔɔ): チョー なし	ฉิ่ง chìŋ	[チンｸﾞ] シンバル
⑧	ช ch(ɔɔ): チョー -t : -ﾄ	ช้าง cháaŋ	[チャーンｸﾞ] 象
⑨	ซ s(ɔɔ): ソー -t : -ﾄ	โซ่ sôo	[ソー] 鎖
⑩	ฌ ch(ɔɔ): チョー -t : -ﾄ	กะเฌอ kachəə	[カチュー] 樹木
⑪	ญ y(ɔɔ): ヨー -n : -ン	หญิง yǐŋ	[インｸﾞ] 女性
⑫	ฎ d(ɔɔ): ドー -t : -ﾄ	ชฎา chadaa	[チャダー] 冠
⑬	ฏ t(ɔɔ): トー -t : -ﾄ	ปะฏัก patàk	[パタック] 牛追い棒
⑭	ฐ th(ɔɔ): トー -t : -ﾄ	ฐาน thǎan	[ターン] 台座
⑮	ฑ th(ɔɔ): トー -t : -ﾄ	มณโท monthoo	[モントー] モントー夫人
⑯	ฒ th(ɔɔ): トー -t : -ﾄ	ผู้เฒ่า phûu thâo	[プー・ダウ] 老人
⑰	ณ n(ɔɔ): ノー -n : -ン	เณร neen	[ネーン] 少年僧
⑱	ด d(ɔɔ): ドー -t : -ﾄ	เด็ก dèk	[デック] 子供
⑲	ต t(ɔɔ): トー -t : -ﾄ	เต่า tào	[タウ] 亀
⑳	ถ th(ɔɔ): トー -t : -ﾄ	ถุง thǔŋ	[トゥンｸﾞ] 袋
㉑	ท th(ɔɔ): トー -t : -ﾄ	ทหาร thahǎan	[タハーン] 兵士

#	Letter	Consonant class	Thai word	Romanization	Katakana	Meaning
22	ธ	th(ɔɔ): トー / -t : -ト	ธง	thoŋ	[トン̂グ]	旗
23	น	n(ɔɔ): ノー / -n : -ン	หนู	nǔu	[ヌ̌ー]	ねずみ
24	บ	b(ɔɔ): ボー / -p : -ㇷ゚	ใบไม้	bai máai	[バイ・マ́ーイ]	葉
25	ป	p(ɔɔ): ポー / -p : -ㇷ゚	ปลา	plaa	[プラー]	魚
26	ผ	ph(ɔɔ): ポー / なし	ผึ้ง	phŵŋ	[プン̂グ]	みつばち
27	ฝ	f(ɔɔ): フォー / なし	ฝา	faa	[フǎー]	蓋
28	พ	ph(ɔɔ): ポー / -p : -ㇷ゚	พาน	phaan	[パーン]	脚付き盤
29	ฟ	f(ɔɔ): フォー / -p : -ㇷ゚	ฟัน	fan	[ファン]	歯
30	ภ	ph(ɔɔ): ポー / -p : -ㇷ゚	สำเภา	sǎmphao	[サム̌パウ]	ジャンク船
31	ม	m(ɔɔ): モー / -m : -ム	ม้า	máa	[マ́ー]	馬
32	ย	y(ɔɔ): ヨー / -i : -イ	ยักษ์	yák	[ヤ́ック]	鬼
33	ร	r(ɔɔ): ロー / -n : -ン	เรือ	rɯa	[ルア]	船
34	ล	l(ɔɔ): ロー / -n : -ン	ลิง	liŋ	[リン̂グ]	猿
35	ว	w(ɔɔ): ウォー / -o : -ウ	แหวน	wɛ̌ɛn	[ウェ̌ーン]	指輪
36	ศ	s(ɔɔ): ソー / -t : -ト	ศาลา	sǎalaa	[サ̌ーラー]	あずまや
37	ษ	s(ɔɔ): ソー / -t : -ト	ฤๅษี	rɯɯsǐi	[ルーシ̌ー]	仙人
38	ส	s(ɔɔ): ソー / -t : -ト	เสือ	sɯ̌a	[ス̌ア]	虎
39	ห	h(ɔɔ): ホー / なし	หีบ	hǐip	[ヒ̌ーㇷ゚]	箱
40	ฬ	l(ɔɔ): ロー / -n : -ン	จุฬา	culaa	[チュラー]	凧
41	อ	ʔ(ɔɔ): オー / なし	อ่าง	ʔàaŋ	[アーン̂グ]	たらい
42	ฮ	h(ɔɔ): ホー / なし	นกฮูก	nók hûuk	[ノ́ック・フ̂ーク]	ふくろう

母音字

以上の子音字は子音字単独では音節は成り立ちません．
母音字と組み合わせることによってはじめて音節が成り立つのです．
母音字には以下のものがあります．— の部分には子音字をおきます．

−a	−aa	−i	−ii	−ɯ	−ɯɯ
−u	−uu	−e	−ee	−ɛ	−ɛɛ
−o	−oo	−ɔ	−ɔɔ	−ə	−əə
−ia	−ɯa	−ua			
−am	−ai	−ai	−ao	−əi	

例：
ดี	dii	[ディー]	良い
ตา	taa	[ター]	目
เรา	rao	[ラウ]	私たち
ไป	pai	[パイ]	行く
จะ	cà	[チャッ]	〜しよう（意志・未来）
ภาษา	phaasǎa	[パーサー]	言葉
ทำ	tham	[タム]	する
ตัว	tua	[トゥア]	身体

左ページの母音字のうち，ーอ (-ɯɯ)，เ-อ (-əə)，-ัว (-ua) は，後ろに末子音字を伴うと，母音字の形が以下のように変化します．

ーอ →	ーี-	例：มือ	⇒	ตื่น
−ɯɯ	−ɯɯ−	mɯɯ [ムー] 手		tɯ̀ɯn [トゥーン] 目を覚ます
เ-อ →	เ-ิ-	例：เบอ	⇒	เดิน
−əə	−əə−	bəə [バー]		dəən [ドゥーン] 歩く
-ัว →	-ว-	例：บัว	⇒	สวย
−ua	−ua−	bua [ブア] 蓮		sǔai [スアイ] 美しい

また左ページの母音字のうちいくつかの短母音字は，後ろに末子音字を伴うと，母音字の形が以下のように変化します．

-ะ →	-ั-	เ-ะ →	เ-็-
−a	−a−	−e	−e−
แ-ะ →	แ-็-	โ-ะ →	--
−ɛ	−ɛ−	−o	−o−
เ-าะ	-็อ-	เ-อะ →	เ-ิ-
−ɔ	−ɔ−	−ə	−ə−

例：จะ cà [チャッ] 〜しよう → จับ càp [チャップ] つかむ
　　โปะ pò [ポッ] 積み重ねる → ปน pon [ポン] 混ぜる

声調記号と声調のきまり

タイ語の声調記号には以下の4つがあります

    ่   第1声調記号
    ้   第2声調記号
    ๊   第3声調記号
    ๋   第4声調記号

それでは今まで説明してきた項目から,どのように声調が決まるのかを見てみましょう.
声調は,それぞれの音節における以下の4つの要素で決まります.

(1) 頭子音字の種類(中子音字・高子音字・低子音字)
(2) 声調記号(声調記号がついているか,ついていたらその種類)
(3) 平音節であるか,促音節であるか
    平音節:長母音および二重母音,もしくは平音節の末子音
        [−ม(−m), −น(−n), −ง(−ŋ), −ย(−i), −ว(−o)]
        で終わる音節
        促音節以外のものはすべて平音節にあてはまります
    促音節:短母音,もしくは促音節の末子音[−ก(−k),
        −บ(−p), −ด(−t)]で終わる音節
(4) 促音節の場合はその母音の長短

以上の4つの要素によって,右表のように声調を決定することができます.

		中子音	高子音	低子音
平音節	声調記号なし	平声	上声 ˅	平声
	第1声調記号（ˋ）	低声 ˋ	低声 ˋ	下声 ˆ
	第2声調記号（˯）	下声 ˆ	下声 ˆ	高声 ˊ
	第3声調記号（ ˯ ）	高声 ˊ	—	—
	第4声調記号（＋）	上声 ˅	—	—
促音節	長母音	低声 ˋ	低声 ˋ	下声 ˆ
	短母音	低声 ˋ	低声 ˋ	高声 ˊ

Track 52

例：บ้าน → 下声　bâan［バーン］家
　(1)　中子音字（บ）
　(2)　˯ 第2声調記号
　(3)　平音節の末子音 –น（– n）で終わる音節

กับ → 低声　kàp［カップ］〜と
　(1)　中子音字（ก）
　(2)　声調記号なし
　(3)　促音節の末子音 –บ で終わる音節
　(4)　短母音（ – ั –）

สาม → 上声　sǎam［サーム］3
　(1)　高子音字（ส）
　(2)　声調記号なし
　(3)　平音節の末子音 –ม（– m）で終わる音節

ข้าว → 下声　khâao［カーウ］米，ごはん
　(1)　高子音字（ข）
　(2)　˯ 第2声調記号
　(3)　平音節の末子音 –ว（– o）で終わる音節

น้อง → 高声　nɔ́ɔŋ［ノーング］年下のきょうだい
 (1)　低子音字（น）
 (2)　 ้ 第2声調記号
 (3)　平音節の末子音－ง（－ŋ）で終わる音節

ชอบ → 下声　chɔ̂ɔp［チョープ］好む
 (1)　低子音字（ช）
 (2)　声調記号なし
 (3)　促音節の末子音-บ（－p）で終わる音節
 (4)　長母音（อ）

※ただしまれに，ดิฉัน［ディチャン］（私），เขา［カウ］（彼・彼女・彼ら・彼女ら），หรือ［ルー］（～ですか？）などのように，実際の発音においては，慣用的に上記の声調記号規則とはことなった発音をする語もあります．

子音字：その他の用法

二重子音字

二重子音を表記する文字には，以下の15のものがあります．
二重子音字の場合，中子音・高子音・低子音の種類は，ひとつめの子音字によって区別します．また，声調記号はふたつめの子音字の上におきます．

กร–	[kr –]	กล–	[kl –]	กว–	[kw –]
ขร–	[khr –]	ขล–	[khl –]	ขว–	[khw –]
คร–	[khr –]	คล–	[khl –]	คว–	[khw –]
ตร–	[tr –]				
ปร–	[pr –]	ปล–	[pl –]		
		ผล–	[phl –]		
พร–	[phr –]	พล–	[phl –]		

例：กรุง → kruŋ [クルンｸﾞ] 都
　　ใกล้ → klâi [クラｲ] 近い
　　ขวา → khwǎa [クワ―] 右
　　ใคร → khrai [クライ] 誰
　　ประตู → pratuu [プラトゥ―] 門
　　พริก → phrík [プリｯｸ] 唐辛子
　　เพราะ→ phrɔ́ [プロｯ] ～の理由で

末子音字

末子音を表記する文字としては，-ม (-m), -น (-n), -ง (-ŋ), -ย (-i), -ว (-o), -ก (-k), -บ (-p), -ด (-t) を用いることがほとんどです．しかし，以下の4つの末子音については，他の子音字を用いることもあります．

末子音 (-n) 代表的な子音字：	-น				
その他の子音字：	-ญ	-ณ	-ร	-ล	-ฬ
末子音 (-k) 代表的な子音字：	-ก				
その他の子音字：	-ข	-ค	-ฆ		
末子音 (-p) 代表的な子音字：	-บ				
その他の子音字：	-ป	-พ	-ฟ	-ภ	
末子音 (-t) 代表的な子音字：	-ด				
その他の子音字：	-จ	-ช	-ซ	-ฌ	
	-ฎ	-ฏ	-ฐ	-ฑ	-ฒ
	-ต	-ถ	-ท	-ธ	
	-ศ	-ษ	-ส		

例：คุณ → khun [クン] あなた
　　อาหาร → aahǎan [アーハーン] 料理
　　สุข → sùk [スック] 幸せな
　　ภาพ → phâap [パープ] 絵，写真
　　รถ → rót [ロット] 自動車
　　ประเทศ → prathêet [プラテート] 国

※実際には，前ページの表における「代表的子音字」を用いる場合がほとんどですので，本書の発音・文字の説明においては，-น (-n)，-ก (-k)，-บ (-p)，-ด (-t) の子音字を用いることとします．

その他の規則

低子音の高子音化

低子音字のうち，ง ญ น ม ย ร ล ว の8つの文字は，すぐ前に高子音字グループの文字 ห をおくことによって，高子音字化することができます．このようにして高子音字化された頭子音をもつ音節は，高子音の音節として声調を決定します．このとき語頭におかれた ห は，高子音化するためにつけられた単なる記号ですので，発音はされません．

例：หมา → mǎa [マー] 犬
　　ผู้หญิง → phûuyǐŋ [プーイング] 女性
　　หวัด → wàt [ワット] 風邪
　　เหมือน → mɯ̌an [ムアン] 同じ
　　ไหม → mǎi [マイ] 〜ですか？

低子音の中子音化

低子音字を頭子音とする語のうち，以下の4つは，頭子音字のすぐ前に中子音字グループの文字 อ をおくことによって，中子音化することができます．このようにして中子音字化された頭子音字をもつ音節は，中子音の音節として声調を決定します．このとき語頭におかれた อ は，中子音化するためにつけられた単なる記号ですので，発音はされません．この規則があてはまる語は，この4語のみですので，覚えてしまいましょう．

例：อย่า → yàa [ヤー] ～しないでください
　　อยาก → yàak [ヤーク] ～したい
　　อย่าง → yàaŋ [ヤーング] 種類，～のように
　　อยู่ → yùu [ユー] ある，いる

子音字ふたつで構成される音節の読み方

母音字を伴わず，子音字ふたつで構成されている音節は，子音の間に母音 o [オ] を補って発音します．

例：คน → khon [コン] 人
　　ฝน → fǒn [フォン] 雨
　　หก → hòk [ホック] 6

子音に母音 a を補って読む読み方

前述の二重子音字以外で，頭子音字が，母音字を伴わない子音字ふたつで構成されている音節は，そのふたつの子音の間に母音 a [ア] を補って発音します．このとき，この母音 a [ア] は平声で発音します．

例：พม่า → phamâa [パマー] ミャンマー
　　สบาย → sabaai [サバーイ] 快適な
　　ฉบับ → chabàp [チャバップ] 冊

その他の記号

黙字符号　 ์
この記号の下にある子音字は発音しません．
この黙字符号は，英語やサンスクリット語などに由来する外来語に用いられていることが多く，**เบียร์** の ร は英語のr，**ฟิล์ม** の ล は英語のlの名残りです．

例：**เบียร์**　　bia［ビア］ビール
　　ฟิล์ม　　fim［フィム］フィルム
　　อาจารย์　aacaan［アーチャーン］先生

省略記号　 ฯ
この記号の後ろには省略されている部分があることを意味します．

例：**กรุงเทพฯ** kruŋtheêp［クルンヶテープ］天使の都＝バンコク

繰り返し記号　 ๆ
この記号の直前の語を繰り返します．

例：**ใกล้ๆ**　　klaîklaî［クライ・クライ］とても近い
　　เร็วๆ　　reureu［レウ・レウ］とても速く

※ **กรุงเทพฯ**［kruŋtheêp／クルンヶテープ］は，タイの首都バンコクのタイ語名で，この後ろに **มหานคร อมรรัตนโกสินทร์**［mahǎa – nakhɔɔn ʔamɔɔn – ráttàná – koosǐn／マハーナコーン　アモーンラットタナコーシン］……と延々と言葉が続いています．通常使われている **กรุงเทพฯ** とは，その冒頭の部分なのです．

V 文法について

人称代名詞

タイ語にはいくつもの人称代名詞がありますが，初級の方は以下の言葉を知っていれば充分でしょう．

  ผม [ポム] 　　　「私」（男性）
  ดิฉัน [ディチャン]「私」（女性）
  เรา [ラウ] 　　　「私たち」（男性・女性とも）
  คุณ [クン] 　　　「あなた」「あなたたち」（男性・女性とも）
  เขา [カウ] 　　　「彼，彼女」「彼ら，彼女ら」

補足 タイ人は，自分と相手との関係によっていくつもの人称代名詞を使い分けます．しかしタイ語では，言わなくても話が通じる言葉は省略することが普通ですので，日常会話においては，特別な場合をのぞいては人称代名詞を省略するのが一般的です．日本語で話し相手に対して「あなた」と呼びかけたり，わざわざ「私は…」と言ったりしないのと同様です．

指示代名詞

タイ語では，自分に近いものを นี่ [ニー]「これ」，少し離れたものを นั่น [ナン]「それ」，かなり離れたものを โน่น [ノーン]「あれ」と呼びます．例えば「これ（私が読んでいるの）はタイ語の教科書です」「それ（そこにかかっているの）は私のコートです」「あれは富士山です」というように使います．また，これらの指示代名詞が「この」「その」「あの」のように修飾語になった場合は，声調が変わります．

  「これ」 นี่ [ニー]　　　　　　「この」 นี้ [ニー]
  「それ」 นั่น [ナン]　　　　　 「その」 นั้น [ナン]
  「あれ」 โน่น [ノーン]　　　　「あの」 โน้น [ノーン]

修飾のしかた

タイ語では，修飾語は修飾される語の後ろにおきます．つまり言葉を後ろから修飾するのです．

修飾される語＋修飾語

 คนญี่ปุ่น　　　　　　「人」＋「日本」＝日本人
 [コン・イーブン]

 คนนี้　　　　　　　「人」＋「この」＝この人
 [コン・ニー]

 โรงเรียน　　　　　　「大きな建物」＋「勉強する」＝学校
 [ローンヶ・リアン]

 ภาษาไทย　　　　　　「言語」＋「タイ」＝タイ語
 [パーサー・タイ]

 โรงเรียนภาษาไทย　　「学校」＋「タイ語」＝タイ語学校
 [ローンヶ・リアン・パーサー・タイ]

基本文型

タイ語には，日本語の「が・を」にあたる言葉，語形の変化つまり活用というものはありません．大切なのは語順で，言葉を決まった順番に並べればよいのです．基本となる文型（言葉の順番）をいくつかご紹介しましょう．

基本文型 (1)：〜は〜します：主語＋動詞＋目的語
   เขาทานขนม [カウ・ターン・カノム]　彼はお菓子を食べます．
   「彼」＋「食べる」＋「お菓子」

基本文型 (2)：〜は〜（形容詞）です：主語＋形容詞
   เขาสวย [カウ・スアイ]　彼女は美しいです．
   「彼女」＋「美しい」

基本文型 (3)：これは〜（名詞）です：主語（指示代名詞）＋名詞
   นี่ทุเรียน [ニー・ドゥリアン]　これはドリアンです．
   「これ」＋「ドリアン」

指示代名詞を用いて「これ（それ・あれ）は〜（名詞）です」という文をつくる時には，主語である「これ」と名詞「ドリアン」をそのまま並べます．

基本文型 (4)：〜（人）は〜（名詞）です：主語（人）＋ เป็น [ペン] ＋名詞
เขาเป็นคนไทย [カウ・ペン・コン・タイ]　彼はタイ人です．
「彼」＋ เป็น [ペン] ＋「タイ人」
「〜（人）は〜（名詞）です」という文をつくるときには，主語である「私」と補語である「タイ人」を เป็น [ペン] でつなぎます．

補足　この基本文型 (4) で用いられている เป็น [ペン] は，主語と補語を結びつける働きをもっています．ここでは เป็น [ペン] は「〜である」という意味ですが，補語である「タイ人」という言葉を伴ってはじめて文が完結します．

Track 61

否定文のつくり方

「〜しない」「〜ではない」という否定文をつくるときには，否定したい語のすぐ前に否定語 ไม่ [マイ] をおきます．

基本文型 (1)：〜は〜しません：主語＋ ไม่ [マイ] ＋動詞＋目的語
เขาไม่ทานขนม [カウ・マイ・ターン・カノム]
彼はお菓子を食べません．
「彼」＋ ไม่ [マイ] ＋「食べる」＋「お菓子」

基本文型 (2)：〜は〜（形容詞）くありません：主語＋ ไม่ [マイ] ＋形容詞
เขาไม่สวย [カウ・マイ・スアイ]　彼女は美しくありません．
「彼女」＋ ไม่ [マイ] ＋「美しい」

ただし次の文型の場合は，**ไม่** [マ̂イ] のかわりに，**ไม่ใช่** [マ̂イ・チャ̂イ] という言葉を，否定したい語つまり名詞の前におきます．**ใช่** [チャ̂イ] は「そうである」という〈肯定〉の意味ですので，否定語 **ไม่** [マ̂イ] のついた **ไม่ใช่** [マ̂イ・チャ̂イ] は「そうではない」という意味になります．

基本文型 (3)：これは〜（名詞）ではありません
　　　　　 ：主語（指示代名詞）＋ **ไม่ใช่** [マ̂イ・チャ̂イ] ＋名詞
　　　　　 นี่ไม่ใช่ทุเรียน [ニ̂ー・マ̂イ・チャ̂イ・トゥリアン]
　　　　　 これはドリアンではありません．
　　　　　 「これ」＋ **ไม่ใช่** [マ̂イ・チャ̂イ] ＋「ドリアン」

基本文型 (4)：〜（人）は〜（名詞）ではありません
　　　　　 ：主語（人）＋ **ไม่ใช่** [マ̂イ・チャ̂イ] ＋名詞
　　　　　 （※ この時，**เป็น** [ペン] は必要ありません）
　　　　　 เขาไม่ใช่คนไทย [カ̌ウ・マ̂イ・チャ̂イ・コン・タイ]
　　　　　 彼はタイ人ではありません．
　　　　　 「彼」＋ **ไม่ใช่** [マ̂イ・チャ̂イ] ＋「タイ人」

Track 62　イエス・ノーを問う疑問文のつくり方

その 1：〜ですか？（**หรือเปล่า** [ルー̌・プラ̀ーウ]）

単純に「そうなのかどうか」イエス・ノーの答えを知りたい疑問文をつくる場合には，文末に **หรือเปล่า** [ルー̌・プラ̀ーウ] をおきます．
หรือเปล่า [ルー̌・プラ̀ーウ] の **หรือ** [ルー̌] は「または・もしくは」，**เปล่า** [プラ̀ーウ] は「否」という意味ですので，**หรือเปล่า** [ルー̌・プラ̀ーウ] で「〜か否か」という意味になります．

基本文型 (1)：〜は〜しますか？
　　　　　 ：主語＋動詞＋目的語＋ **หรือเปล่า** [ルー̌・プラ̀ーウ]
　　　　　 เขาทานขนมหรือเปล่า [カ̌ウ・ターン・カノ̌ム・ルー̌・プラ̀ーウ]
　　　　　 彼はお菓子を食べますか？

「彼」＋「食べる」＋「お菓子」＋ **หรือเปล่า** [ルー・プラーウ]
答え： **ทาน** 食べます． ／ **ไม่ทาน** 食べません．
　　　　ターン　　　　　　　　マイ・ターン

基本文型 (2)：～は～（形容詞）ですか？
　　　　　：主語＋形容詞＋ **หรือเปล่า** [ルー・プラーウ]
　　　　　เขาสวยหรือเปล่า [カウ・スアイ・ルー・プラーウ]
　　　　　彼女は美しいですか？
　　　　　「彼女」＋「美しい」＋ **หรือเปล่า** [ルー・プラーウ]
　　　　　答え： **สวย** 美しいです． ／ **ไม่สวย** 美しくありません．
　　　　　　　　スアイ　　　　　　　　　　　マイ・スアイ

これらの問いかけに対して肯定で答えるときは **ทาน** [ターン]「食べます」、**สวย** [スアイ]「美しいです」と動詞や形容詞そのもので答え、否定で答えるときは否定語 **ไม่** [マイ] を用いて **ไม่ทาน** [マイ・ターン]「食べません」、**ไม่สวย** [マイ・スアイ]「美しくありません」と答えます。

基本文型 (3)：これは～（名詞）ですか？
　　　　　：主語（指示代名詞）＋名詞＋ **หรือเปล่า** [ルー・プラーウ]
　　　　　นี่ทุเรียนหรือเปล่า [ニー・トゥリアン・ルー・プラーウ]
　　　　　これはドリアンですか？
　　　　　「これ」＋「ドリアン」＋ **หรือเปล่า** [ルー・プラーウ]
　　　　　答え： **ครับ / ค่ะ** はい． ／ **ไม่ใช่** いいえ．
　　　　　　　　クラップ/カッ　　　　　　マイ・チャイ

基本文型 (4)：～（人）は～（名詞）ですか？
　　　　　：主語（人）＋ **เป็น** [ペン] ＋名詞＋ **หรือเปล่า** [ルー・プラーウ]
　　　　　เขาเป็นคนไทยหรือเปล่า [カウ・ペン・コン・タイ・ルー・プラーウ]
　　　　　彼はタイ人ですか？
　　　　　「彼」＋ **เป็น** [ペン] ＋「タイ人」＋ **หรือเปล่า** [ルー・プラーウ]
　　　　　答え： **ครับ / ค่ะ** はい． ／ **ไม่ใช่** いいえ．
　　　　　　　　クラップ/カッ　　　　　　マイ・チャイ

これらの問いかけに対して肯定で答えるときは，男性ならば **ครับ** [クラップ]，女性ならば **ค่ะ** [カッ] と答えます．これは「そうです」という意味です．

否定で答えるときは，**ไม่ใช่** [マイ・チャイ] と答えます．これは「そうではありません」という意味です．

その２：〜ですか？　（**ไหม** [マイ]）

同様に「〜ですか？」とたずねる疑問文をつくる場合，文末に **หรือเปล่า** [ルー・プラーウ] ではなく **ไหม** [マイ] をおくこともできます．**ไหม** [マイ] は，否定語 **ไม่** [マイ] とは声調が異なるので注意しましょう．**ไหม** [マイ] も **หรือเปล่า** [ルー・プラーウ] も「〜ですか？」と訳すことができますが，**หรือเปล่า** [ルー・プラーウ] が客観的事実を問う場合に用いられるのに対し，**ไหม** [マイ] には「〜しませんか？」と相手を誘ったり「〜だと思いませんか？」と相手の意見を聞いたりするニュアンスが含まれています．

ただし，基本文型 (3) これは〜（名詞）です：主語（指示代名詞）＋名詞や，基本文型 (4) 〜（人）は〜（名詞）です：主語（人）＋ **เป็น** [ペン] ＋名詞のように **เป็น** [ペン] を用いた文に **ไหม** [マイ] を用いることはできません．

この **ไหม** [マイ] を用いた問いかけに対する答え方は，前述の **หรือเปล่า** [ルー・プラーウ] を用いた疑問文に対する答え方と同じです．

基本文型 (1)：〜は〜しますか？：主語＋動詞＋目的語＋ **ไหม** [マイ]
　　　　　　เขาทานขนมไหม [カウ・ターン・カノム・マイ]
　　　　　　彼はお菓子を食べますか？（食べると思いませんか？）
　　　　　　「彼」＋「食べる」＋「お菓子」＋ **ไหม** [マイ]
　　　　　　答え：**ทาน** 食べます．／**ไม่ทาน** 食べません．
　　　　　　　　　　ターン　　　　　　　　マイ・ターン

基本文型 (2)：〜は〜（形容詞）ですか？：主語＋形容詞＋ **ไหม** [マイ]
　　　　　　เขาสวยไหม [カウ・スアイ・マイ]
　　　　　　彼女は美しいですか？（美しいと思いませんか？）

「彼女」＋「美しい」＋ ไหม [マィ]
答え：**สวย** 美しいです．／**ไม่สวย** 美しくありません．
ス゛アイ　　　　　　　　　マィ・ス゛アイ

その３：〜でしょう？

ある程度答えの予測がついていて，その確認のために質問をする場合には，「そうなのでしょう？」に相当する語 **ใช่ไหม** [チ㋪ィ・マィ] を文末におきます．**ใช่** [チ㋪ィ] は「そうである」という〈肯定〉の意味，**ไหม** [マィ] は「〜ですか？」という意味です．これは先の４つの文型すべてに用いることができます．

基本文型 (1)：〜は〜するのでしょう？
：主語＋動詞＋目的語＋ **ใช่ไหม** [チ㋪ィ・マィ]
เขาทานขนมใช่ไหม [ガウ・ターン・カノ゛ム・チ㋪ィ・マィ]
彼はお菓子を食べるんでしょう？

基本文型 (2)：〜は〜（形容詞）でしょう？
：主語＋形容詞＋ **ใช่ไหม** [チ㋪ィ・マィ]
เขาสวยใช่ไหม [ガウ・ス゛アイ・チ㋪ィ・マィ]
彼女は美しいのでしょう？

基本文型 (3)：これは〜（名詞）でしょう？
：主語（指示代名詞）＋名詞＋ **ใช่ไหม** [チ㋪ィ・マィ]
นี่ทุเรียนใช่ไหม [ニー・トゥリアン・チ㋪ィ・マィ]
これはドリアンでしょう？

基本文型 (4)：〜（人）は〜（名詞）ですか？
：主語（人）＋ **เป็น** [ペン] ＋名詞＋ **ใช่ไหม** [チ㋪ィ・マィ]
เขาเป็นคนไทยใช่ไหม [ガウ・ペン・コン・タイ・チ㋪ィ・マィ]
彼はタイ人でしょう？

この形の質問に対して肯定で答えるときは，**ใช่** [チ㋪ィ]「そうです」と答え，否定で答えるときは，**ไม่ใช่** [マィ・チ㋪ィ]「そうではあり

ません」と答えます．また，肯定で答えるときは「はい」という意味の **ครับ** [クラップ]（女性ならば **ค่ะ** [カッ]）を使うこともできます．

疑問詞をつかった疑問文のつくり方

疑問詞を用いた疑問文の語順は，肯定文とまったく変わりません．聞きたいこと・ものを疑問詞に置き換えるだけでよいのです．ただし「なぜ？」**ทำไม** [タムマイ] は例外的に文頭におきます．「なぜ？」**ทำไม** [タムマイ] を文末におくと非難のニュアンスが入ってしまうので注意しましょう．

どこに？（場所をたずねる疑問詞）：**ที่ไหน** [ティー・ナイ]
สถานีรถไฟอยู่ที่ไหน 駅はどこにあるのですか？
サターニーロットファイ・ユー・ティー・ナイ
อยู่หน้าโรงแรม ホテルの前にあります．
ユー・ナー・ローンケレーム

いつ？（時をたずねる疑問詞）：**เมื่อไร** [ムアライ]
คุณมาเมืองไทยเมื่อไร あなたはいつタイに来たのですか？
クン・マー・ムアンケ・タイ・ムアライ
ปีที่แล้ว 昨年です．
ピー・ティー・レーウ

どのように？（状態・方法をたずねる疑問詞）：**อย่างไร** [ヤーンケ・ライ]
คุณมาที่นี่อย่างไร あなたはどうやってここに来たのですか？
クン・マー・ティー・ニー・ヤーンケライ
ขึ้นรถแท็กซี่มา タクシーできました．
クン・ロット・テークシー・マー
คุณพ่อเป็นอย่างไร お父さまはいかがお過ごしですか？
クン・ポー・ペン・ヤーンケライ
เขาสบายดี 元気に過ごしています．
カウ・サバーイディー

いくら？　どのくらい？（数量をたずねる疑問詞）：**เท่าไร** [ダウライ]

นี่เท่าไร　これはいくらですか？
ニー・ダウライ

๓๐๐๐เยน　3000円です．
サーム・パン・イェーン

คุณอายุเท่าไร　お年はいくつですか？
クン・アーユッ・ダウライ

อายุ๒๐ปี　20です．
アーユッ・イーシップ・ピー

ใช้เวลาเท่าไร　どのくらい時間がかかりますか？
チャイ・ウェラー・ダウライ

ครึ่งวัน　半日かかります．
クルンｸ・ワン

いくつ？（数をたずねる疑問詞）：**กี่** [キー]

คุณมีหนังสือเขียนเป็นภาษาไทยกี่เล่ม
クン・ミー・ナンｸスー・キアン・ペン・パーサー・タイ・キー・レム

あなたはタイ語で書かれた本を何冊もっていますか？

๕เล่ม　5冊もっています．
ハー・レム

なぜ？（理由をたずねる疑問詞）：**ทำไม** [タムマイ]

ทำไมรถติดมากอย่างนี้　なぜこんなに渋滞しているのですか？
タムマイ・ロッﾄ・ティット・マーｸ・ヤーンｸニー

なぜなら…（理由を答える接続詞）：**เพราะว่า** [プロッ・ワー]

เพราะว่ามีน้ำท่วม　なぜなら洪水があったからです．
プロッ・ワー・ミー・ナム・トゥアム

何？：**อะไร** [アライ]

นี่อะไร　これは何ですか？
ニー・アライ

นี่ขนมญี่ปุ่น　日本のお菓子です．
ニー・カノム・イープン

๑๒๕　125
ヌンｸ・ローイ・イーシップ・ハー

ทำอะไร　何をしているんですか？
タム・アライ

เขียนจดหมายอยู่　手紙を書いているんです．
キアン・チョットマーイ・ユー

誰？：ใคร ［クライ］

ใครมา　誰が来ているのですか？
クライ・マー

พี่สาวดิฉัน　姉が来ているんです．
ピーサーウ・ディチャン

Track 64　助動詞

本書においては，動詞の前に置かれ，その動詞にさまざまな意味をつけ加える言葉を「助動詞」と呼びます．
ここでは助動詞を使った肯定文と否定文の例をあげます．
否定文をつくるときには，(1) 助動詞部分を否定語 ไม่ ［マイ］ で否定するものと，(2) 動詞部分を否定語 ไม่ ［マイ］ で否定するものの2種類がありますので注意してください．
疑問文にする場合は，文末に หรือเปล่า ［ルー・プラーウ］，ไหม ［マイ］，ใช่ไหม ［チャイ・マイ］ のいずれも用いることができます．
「～したい」「～すべきである」「きっと～でしょう」「～かもしれない」に用いられている จะ ［チャッ］ は，意志・未来を表わす助動詞です．
(　) でくくられているものは省略することもできます．

(1)　助動詞部分を否定語 ไม่ ［マイ］ で否定するもの

～したい：อยาก (จะ) ［ヤーク・(チャッ)］ ＋動詞

เขาอยาก (จะ) พบคุณสมชาย
カウ・ヤーク・(チャッ)・ポップ・クン・ゾムチャーイ

彼はソムチャイさんに会いたがっています．

เขาไม่อยาก (จะ) พบคุณสมชาย
カウ・マイ・ヤーク・(チャッ)・ポップ・クン・ゾムチャーイ

彼はソムチャイさんに会いたがっていません．

～しなくてはならない：**ต้อง** [トンｸ]＋動詞
 คุณต้องไปซื้อของ
 クン・トンｸ・パイ・スー・コーンｸ
 あなたは買い物に行かなくてはなりません．
 คุณไม่ต้องไปซื้อของ
 クン・マイ・トンｸ・パイ・スー・コーンｸ
 あなたは買い物に行く必要はありません．
 ※ **ต้อง** [トンｸ] の否定型は「～する必要がない」という意味です．「～してはならない」とはならないので注意してください．

～すべきである：**ควร (จะ)** [クアン・(チャッ)]＋動詞
 คุณควร (จะ) พูดความจริง
 クン・クアン・(チャッ)・プート・クワーム・チンｸ
 あなたは真実を話すべきです．
 คุณไม่ควร (จะ) พูดความจริง
 クン・マイ・クアン・(チャッ)・プート・クワーム・チンｸ
 あなたは真実を話すべきではありません．

～したことがある：**เคย** [クーイ]＋動詞
 ดิฉันเคยทานอาหารไทย
 ディチャン・クーイ・ターン・アーハーン・タイ
 私はタイ料理を食べたことがあります．
 ดิฉันไม่เคยทานอาหารไทย
 ディチャン・マイ・クーイ・ターン・アーハーン・タイ
 私はタイ料理を食べたことがありません．

(2)　動詞部分を否定語 **ไม่** [マイ] で否定するもの

きっと～でしょう：**คง (จะ)** [コンｸ・(チャッ)]＋動詞
 รถคง (จะ) ติด　きっと渋滞しているでしょう．
 ロット・コンｸ・(チャッ)・ティット
 รถคง (จะ) ไม่ติด　きっと渋滞していないでしょう．
 ロット・コンｸ・(チャッ)・マイ・ティット

～かもしれない：อาจจะ [アーット・チャッ] ＋動詞
 เขาอาจจะอยู่ที่บ้าน　彼は家にいるかもしれない．
 ガウ・アーット・チャッ・ユー・ティー・バーン
 เขาอาจจะไม่อยู่ที่บ้าน　彼は家にいないかもしれない．
 ガウ・アーット・チャッ・マイ・ユー・ティー・バーン

Track 65　時制の表現

タイ語には，時制による動詞の活用はありません．
「明日」「昨日」などの言葉や文脈によって時制を判断するのです．
また「かつて」「もうすでに」といった「時」を表わす言葉をつけ加えることで，時制を表現することもできます．

もう～しましたか？（完了）：～ แล้วหรือยัง [レーウ・ルー・ヤング]
動作の完了を問うときは，แล้วหรือยัง [レーウ・ルー・ヤング]（すでにしたか・それともまだか）という言葉を文末におきます．แล้ว [レーウ] は「すでに（～した）」，ยัง [ヤング] は「まだ」という意味です．この問いかけに対して，肯定の場合は，動詞＋ แล้ว [レーウ]（はい，もう～しました），否定の場合は，ยัง [ヤング]（いいえ，まだです）と答えます．

 คุณสั่งของหวานแล้วหรือยัง　デザートはもう注文しましたか？
 クン・サング・コーング・ワーン・レーウ・ルー・ヤング
 答え：สั่งแล้ว / ยัง　はい，もう注文しました．／いいえ，まだです．
 サング・レーウ／ヤング

～しているところです（現在進行形）
：กำลัง ～ （動詞） อยู่ [カムラング・～・ユー]
現在進行形を表わすときは，กำลัง [カムラング] ＋動詞＋ อยู่ [ユー] とします．กำลัง [カムラング] か อยู่ [ユー] のどちらか一方を省略することもできます．

 ผมกำลังทำงานอยู่　僕は仕事をしているところです．
 ポム・カムラング・タム・ガーン・ユー

この กำลัง ~ อยู่ [カムランヶ・~・ユー] は，「東京に住んでいます」や「白いドレスを着ています」といった状態を表わす文には用いることはできません．

仮定法 (Track 66)

「もし～ならば」と仮定を表わす接続詞 ถ้า [ダー] を用います．

ถ้ามีเวลา ดิฉันจะไปเที่ยวประเทศญี่ปุ่น
ダー・ミー・ウェラー　ディチャン・チャッ・パイ・テイアウ・プラテート・イーブン
もし時間があったら，私は日本に旅行に行きます．

比較級と最上級 (Track 67)

AはBよりも～（形容詞）です：A＋形容詞＋ กว่า [クワー] ＋B
比較級の文をつくるときは，形容詞また副詞の後ろに กว่า [クワー]（より～だ）をつけます．

มะม่วงหวานกว่าส้ม　マンゴーはみかんよりも甘いです．
マムアンヶ・ワーン・クワー・ソム

AとBとではどちらがより～（形容詞）ですか？
A＋ กับ [カッフ] ＋B＋ อย่างไหน [ヤーンヶナイ] ＋形容詞＋ กว่ากัน [クワー・カン]
ここでAとB共通の類別詞がある場合は อย่าง [ヤーンヶ] ではなく，その共通の類別詞を用います．類別詞とは，「～個」「～人」のように，ものを数えるときの単位のことです．

มะม่วงกับส้มอย่างไหนหวานกว่ากัน
マムアンヶ・カッフ・ソム・ヤーンヶナイ・ワーン・クワー・カン
マンゴーとみかんとではどちらがより甘いですか？

～した方がいいです：ดีกว่า [ディー・クワー]
また文末に「よりよい」という意味の言葉 ดีกว่า [ディー・クワー] をつな

げることによって「～した方がよい」と人にすすめる文をつくることができます．

> **คุณอยู่ที่บ้านดีกว่า**　あなたは家にいた方がいいです．
> クン・ユー・ティー・バーン・ディー・クワー
> **คุณไม่อยู่ที่บ้านดีกว่า**　あなたは家にいない方がいいです．
> クン・マイ・ユー・ティー・バーン・ディー・クワー

いちばん～です：**～ที่สุด** [ティースット]
形容詞または副詞の後ろに **ที่สุด** [ティースット]（もっとも，いちばん～だ）をつけます．

> **ทุเรียนแพงที่สุด**　ドリアンがいちばん（値段が）高いです．
> トゥリアン・ペーンッ・ティースット
> **เขาพูดภาษาไทยเก่งที่สุด**　彼がいちばん上手にタイ語を話します．
> カウ・プート・パーサー・タイ・ケンッ・ティースット

Track 68　使役の表現

「～させる」という使役の表現には **ให้** [ハイ] を用います．
ให้ [ハイ] には「～させる」の他に，「与える」「くれる」「～してあげる」などの意味もあるので，**ให้** [ハイ] を用いて，「（物）を（人）にあげる」「（人）のために～してあげる」といった表現をすることもできます．

A は B に～させます：A ＋ ให้ [ハイ] ＋ B ＋動詞（句）
「～させません」と否定文をつくるときには，否定語 **ไม่** [マイ] を **ให้** [ハイ] の前におきます．

> **อาจารย์ให้ดิฉันฝึกภาษาไทย**　先生は私にタイ語の練習をさせます．
> アーチャーン・ハイ・ディチャン・フック・パーサー・タイ
> 「先生」＋ **ให้** [ハイ] ＋「私」＋「タイ語を練習する」
> **คุณแม่ไม่ให้ดิฉันไปเที่ยวต่างประเทศ**
> クン・メー・マイ・ハイ・ディチャン・パイ・ティアウ・ターンッ プラテート
> 母は私を海外旅行に行かせてくれません．
> 「母」＋ **ไม่** [マイ] ＋ **ให้** [ハイ] ＋「私」＋「海外旅行に行く」

（物）を（人）にあげる：主語＋**ให้** [ハイ] ＋物＋人
คุณพ่อให้แหวนคุณแม่　父は母に指輪をあげました．
クン・ポー・ハイ・ウェーン・クン・メー
「父」＋**ให้** [ハイ] ＋「指輪」＋「母」
พี่สาวให้เสื้อผ้าดิฉัน　姉は私に服をくれました．
ピーサーウ・ハイ・スアパー・ディチャン
「姉」＋**ให้** [ハイ] ＋「服」＋「私」

（人）のために〜してあげる：主語＋動詞＋**ให้** [ハイ] ＋人
ดิฉันสอนภาษาไทยให้เขา　私は彼にタイ語を教えてあげました．
ディチャン・ソーン・パーサー・タイ・ハイ・カウ
「私」＋「タイ語を教える」＋**ให้** [ハイ] ＋「彼」
เขาเรียกแท็กซี่ให้ดิฉัน　彼は私にタクシーを呼んでくれました．
カウ・リアック・テークシー・ハイ・ディチャン
「彼」＋「タクシーを呼ぶ」＋**ให้** [ハイ] ＋「私」

VI ヴィジュアル・タイ語

ร่างกาย 身体
ラーンˆグカーイ

- ผม 髪の毛 / ポˇム
- หัว 頭 / フˇア
- หู 耳 / フˇー
- หน้า 顔 / ナˆー
- ตา 目 / ターˇ
- ปาก 口 / パˋーク
- ฟัน 歯 / ファン
- จมูก 鼻 / チャムˋーク
- คอ 首・喉 / コー
- บ่า 肩 / バˋー
- แขน 腕 / ケˇーン
- อก 胸 / オˋク
- มือ 手 / ムー
- เอว 腰(ウエスト) / エーウ
- ตะโพก ヒップ / タˋポˆーク
- ขา 脚 / カˇー
- เท้า 足 / タˆーウ

132 ๑๓๒
ヌˋング・ローˊイ・ザームˋシˋップ・ゾˇーンˆグ

ยาน 乗り物
ヤーン

ทางด่วน 高速道路
ターンㇰ・ドゥアン

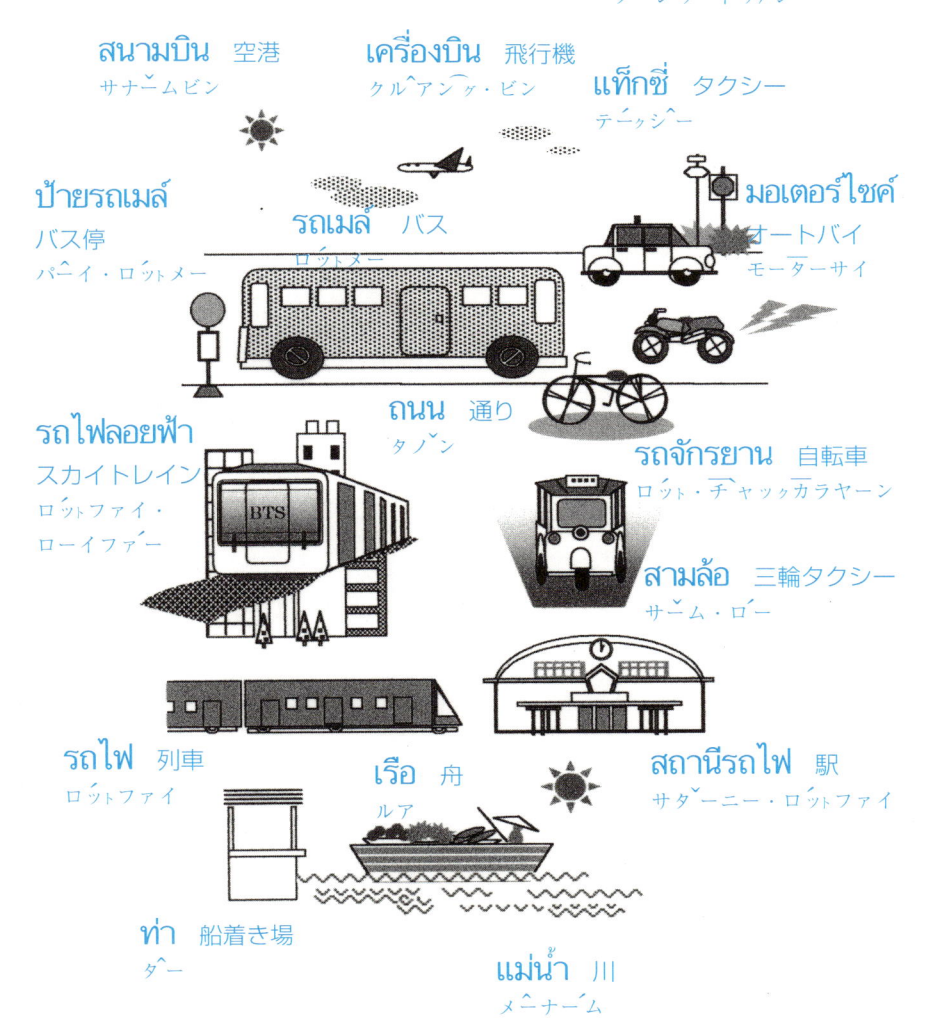

สนามบิน 空港
サナームビン

เครื่องบิน 飛行機
クルˆアンㇰ・ビン

แท็กซี่ タクシー
テㇰッシー

ป้ายรถเมล์ バス停
パーイ・ロットメー

รถเมล์ バス
ロットメー

มอเตอร์ไซค์ オートバイ
モーターサイ

ถนน 通り
タノン

รถไฟลอยฟ้า スカイトレイン
ロットファイ・ローイファー

รถจักรยาน 自転車
ロット・チャックカラヤーン

สามล้อ 三輪タクシー
サーム・ロー

รถไฟ 列車
ロットファイ

เรือ 舟
ルア

สถานีรถไฟ 駅
サターニー・ロットファイ

ท่า 船着き場
ダー

แม่น้ำ 川
メーナーム

๑๓๓ 133
ヌンㇰ・ローイ・サームシップ・サーム

ครอบครัว 家族
クロ̂ーゥクルア

- คุณตา 祖父（母方） クン・タ̄ー
- คุณยาย 祖母（母方） クン・ヤ̄ーイ
- คุณปู่ 祖父（父方） クン・プ̂ー
- คุณย่า 祖母（父方） クン・ヤ̂ー
- คุณน้า 叔父・叔母（母の弟・妹） クン・ナ̂ー
- คุณอา 叔父・叔母（父の弟・妹） クン・アー
- คุณป้า 伯母（父母の姉） クン・パ̂ー
- คุณลุง 伯父（父母の兄） クン・ルンゥ
- คุณแม่ 母 クン・メ̂ー
- คุณพ่อ 父 クン・ポ̂ー
- พี่ชาย 兄 ピ̂ーチャーイ
- พี่สาว 姉 ピ̂ーサ̌ーウ
- น้องสาว 妹 ノ́ーンゥサ̌ーウ
- น้องชาย 弟 ノ́ーンゥチャーイ
- ภรรยา 妻 パンヤー
- สามี 夫 サ̌ーミー
- ลูกชาย 息子 ル̂ーゥチャーイ
- ลูกสาว 娘 ル̂ーゥサ̌ーウ

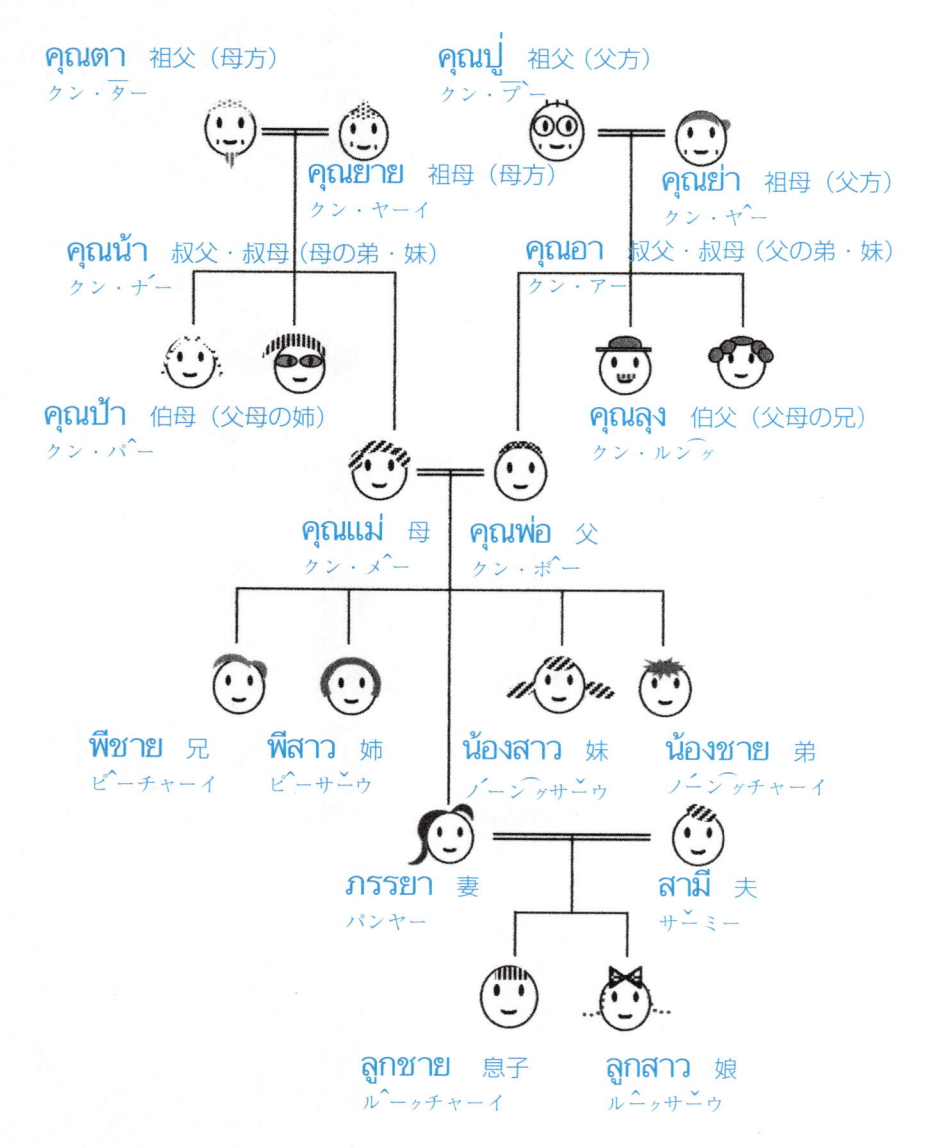

เครื่องแต่งกาย 服飾品
クルアンッ・テーンッガーイ

หมวก 帽子
ムアック

เสื้อเชิ้ต ワイシャツ
スア・チュート

แว่นตา めがね
ウェーンター

ผ้าเช็ดหน้า ハンカチ
パー・チェット・ナー

เสื้อ シャツ，ブラウス
スア

กระโปรง スカート
クラプローンッ

นาฬิกาข้อมือ 腕時計
ナーリカー・コー・ムー

ถุงเท้า 靴下
トゥンッ・ターウ

สูท スーツ
スート

กระเป๋า バッグ
クラパウ

ตุ้มหู イヤリング
トゥム・フー

กำไล 腕輪
カムライ

รองเท้า 靴
ローンッ・ターウ

กางเกง ズボン
カーンッケーンッ

สร้อย ネックレス
ソーイ

135
ヌンッ・ローイ・サームシップ・ハー

เครื่องปรุง 食材
グ゛ルアン゛ッ・プルン゛ッ

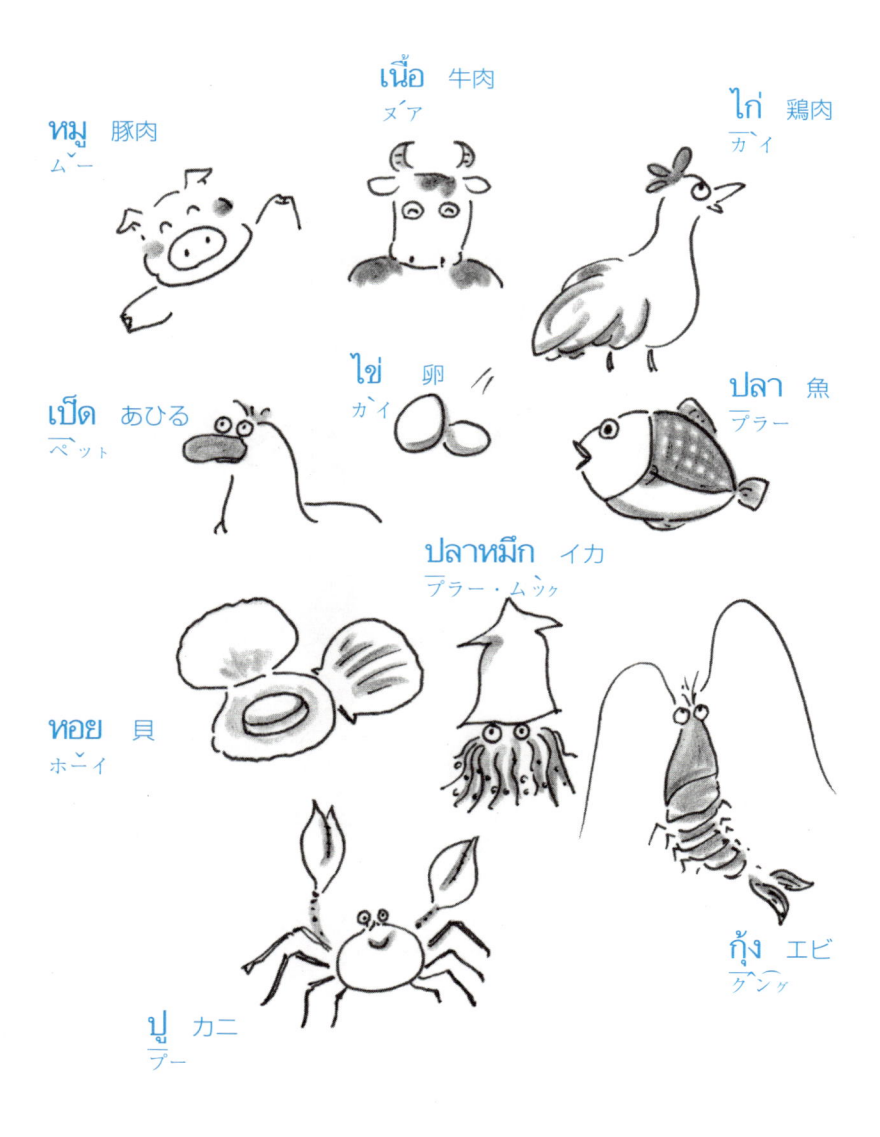

เนื้อ 牛肉
ヌ゛ア

หมู 豚肉
ムー

ไก่ 鶏肉
カイ

ไข่ 卵
カイ

เป็ด あひる
ペット

ปลา 魚
プラー

หอย 貝
ホーイ

ปลาหมึก イカ
プラー・ムッ゛ッ

ปู カニ
プー

กุ้ง エビ
ク゛ン゛ッ

136 ๑๓๖
ヌ゛ン゛ッ・ローイ・サ゛ームシ゛ッ゛プ・ホッ゛ッ

VII インデックス (ヴィジュアル・タイ語の単語は含みません)

ก

ก็ [コー]	〜も	40
กรุง [クルンㇰ]	都	113
กรุงเทพฯ [クルンㇰテープ]	バンコク	50
กรุณา 〜 [カルナー・〜] (動詞の前につけて) 〜していただけますか?		11
กลับ [クラッㇷ゚]	帰る	54
กลางวัน [クラーンㇰ・ワン]	昼間	64
〜 ก็แล้วกัน [コー・レーウ・カン] 〜にしましょう, 〜ではどうしょう (提案・選択)		52
〜 กว่า [〜・クワー] より〜だ (比較級)		68
ก่อน [コーン] 先に, まずは		54・76
ก่อน 〜 [コーン・〜] 〜の前に, 〜する前に		79
〜 ก่อน [〜・コーン] まずは〜		76
กัน [カン]	お互いに, 一緒に	56
〜 กันเถอะ [〜・カン・トゥ] (今から) 〜しましょう		64

กับ 〜 [カッㇷ゚・〜]	〜と	50
กาแฟ [カーフェー]	コーヒー	54
การบ้าน [カーン・バーン]	宿題	66
การสอบ [カーン・ソーㇷ゚]	試験	74
กำลัง 〜 อยู่ [カムランㇰ・〜・ユー] 〜しているところです		72
กี่ [キー]	いくつの?	85
กี่คน [キー・コン]	何人?	85
กี่ชั่วโมง [キー・チュアモーンㇰ] 何時間?		90
กี่บาท [キー・バート] 何バーツ?		85
กี่โมง [キー・モーンㇰ]	何時?	84
กี่วัน [キー・ワン]	何日間?	85
เก่ง [ケンㇰ]	上手, うまい	62
เกรงใจ [クレーンㇰチャイ] 遠慮する		89
เก้า [カウ]	9	51
เกาหลี [カウリー]	朝鮮	35
〜 เกินไป [〜・クーン・パイ] ずいぶん〜だ, 〜すぎる		48
ใกล้ๆ 〜 [クライ・クライ・〜] 〜の近くに		28

๑๓๗ 137
ヌンㇰ・ローイ・サームシッㇷ゚・チェット

ข

ขนม [カノ̌ム]　お菓子　42

ขวด [クアート]
　（ビン）〜本（類別詞）　55

ขวา [クヴǎー]　右　113

ขอ〜 [コー・〜]　〜させてください，
　〜をください　8・48

ของ [コー̌ング]　物　20

ของ〜 [コー̌ング・〜]　〜の
　（所有）　24

ของที่ระลึก [コー̌ング・ティーラルッ̌ク]
　おみやげ　94

ของหวาน [コー̌ング・ワー̌ン]
　デザート　128

ขอโทษ [コー̌・トー̂ト]
　すみません　4

ขอนแก่น [コー̌ンケ̀ーン]　コーンケー
　ン（タイ東北部の地名）　34

ขอบคุณ [コー̀ップクン]
　ありがとう　3

ขันโตก [カ̌ントッ̀ク]　カントーク料理
　（北タイの名物料理）　94

ข้างใน [カ̂ーング・ナイ]
　内側，中　76

ข้าว [カ̂ーウ]　ご飯　20

ข้าวสวย [カ̂ーウ・スア̌イ]

　（きれいなご飯つまり）ライス　88

ขึ้น [クン̂]　上がる，上げる　91

ขึ้น〜 [クン̂・〜]
　〜（乗り物）に乗る　91

เขา [カ̌ウ]　彼，彼女，彼ら，彼
　女ら（男性・女性・三人称単
　数・複数）　19

เข้าใจ [カ̂ウチャイ]　理解する　10

เขียน [キア̌ン]　書く　67

ไข้ [カ̂イ]　熱　83

ค

คงจะ〜 [コング・チャッ・〜]
　きっと〜でしょう　76

คน [コン]　人，人（類別詞）　27・55

คนเดียว [コン・ディアウ]
　ひとり　63

คนญี่ปุ่น [コン・イ̂ープン]
　日本人　25・27

คนไทย [コン・タイ]　タイ人　27

ครับ [クラッ́ップ]　です，ます（文末に
　つけて丁寧を表わす），はい（男
　性の場合）　2・16

คริสต์ [クリッ́ト]　キリスト　95

คริสต์ศักราช [クリッ́ト・サッ̌ックカラー̂ト]
　西暦　95

ครึ่ง [クルン̂̌ング]　半分　86

タイ語	読み	日本語	ページ
ครู	[クルー]	先生	63
ความจริง	[クワーム・チンｸ]	真実	127
ความยินดี	[クワーム・インディー]	喜び	97
ความสุข	[クワーム・スｯｸ]	幸福	97
ความเสียใจ	[クワーム・シアチャイ]	残念な気持ち	97
ควร (จะ) ~	[クワン（チャｯ）・~]	~すべきである	
ค.ศ.	[コー・ソー]	西暦の略	95
คอ	[コー]	喉	80・83
คะ	[カ]	です，ます（文末につけて丁寧を表わす，女性・疑問形の場合）	2・16
ค่ะ	[カ]	です，ます（文末につけて丁寧を表わす），はい（女性の場合）	2・16
คิด	[キｯﾄ]	思う，考える	59
คิดว่า ~	[キｯﾄ・ワー]	~と思う，考える	59
คืน	[クーン]	夜	87
คุณ	[クン]	あなた（男性・女性・二人称単数複数）	19
คุณ ~	[クン・~]	~（名前）さん	19
คุณพ่อ	[クン・ポー]	お父さん	27
คุณแม่	[クン・メー]	お母さん	27
เคย ~	[クーイ・~]	かつて~したことがある	56
เครื่องดื่ม	[クルアンｸ・ドゥーム]	飲み物	88
เครื่องบิน	[クルアンｸ・ビン]	飛行機	91
แค่นี้	[ケーニー]	これだけ	88
ใคร	[クライ]	誰？	126

ง

タイ語	読み	日本語	ページ
งั้น	[ンガン]	それじゃあ	36
งั้นหรือ	[ンガン・ルー]	そうですか（あいづち）	32
งาน	[ンガーン]	仕事	64
เงาะ	[ンゴ]	ランブータン（タイのくだもの）	43
เงิน	[ングン]	お金	59

จ

タイ語	読み	日本語	ページ
จดหมาย	[チョｯﾄマーイ]	手紙	67
จบ	[チョｯﾌﾟ]	終る，卒業する	66
จริง	[チンｸ]	本当に	64
จะ ~	[チャｯ・~]	（動詞の前につけて意志・未来を表わす）	20
จังเลย	[チャンｸルーイ]	とっても（口語）	68

จังหวัด [チャンワット] 県	34
จับ [チャップ] つかむ	109
จาก~ [チャーク・~] ~から	32
จีน [チーン] 中国	34, 35
เจ็ด [チェット] 7	51
เจ็บ [チェップ] 痛い（傷の痛み）	80・83
เจอ [チュー] 会う	84

ฉ

| ฉบับ [チャバップ] （新聞）〜部（類別詞） | 55 |

ช

ชม [チョム] ほめる	63
ชวน [チュアン] 誘う	84
ช่วย [チュアイ] 手伝う，助ける	54
ชอบ [チョープ] 好む	23
ชั่วโมง [チュアモーング] 時間（= 60 分）	90
ช้าๆ [チャー・チャー] もっとゆっくり	11
ชื่อ~ [チュー・~] 〜という名前です	2・16
เช็คบิลล์ [チェック・ビン] （勘定書を照合する，つまり）お勘定お願いします	89

เช่นเดียวกัน [チェン・ディアウ・カン] 同様に	16
เช้า [チャーウ] 朝	84, 87
เช้านี้ [チャーウ・ニー] 今朝	94
เชิญ [チューン] どうぞ	5, 48
เชิญ~ [チューン・~] どうぞ〜してください	76
เชียงใหม่ [チェングマイ] チェンマイ（タイ北部の地名）	90
ใช่ [チャイ] そうです	44
ใช้ [チャイ] 使う	91
~ใช่ไหม [~・チャイ・マイ] 〜でしょう？（確認の疑問）	44
ใช้เวลา~ [チャイ・ウェーラー・~] 〜（時間が）かかる	90

ซ

ซิ [シッ] 強調（命令・勧誘の意）	76
ซื้อ [スー] 買う	20
ซื้อของ [スー・コーング] 買い物をする	20

ญ

| ญี่ปุ่น [イープン] 日本 | 27 |

ด

| ด้วยกัน [ドゥアイ・カン] 一緒に | 26 |

ดอกไม้ [ドークマーイ] 花	75
ดอยสุเทพ [ドーイステープ]	
ドーイステープ（チェンマイ	
の有名観光地）	94
ดำ [ダム] 黒い	27
ดิฉัน [ディチャン]	
私（女性・一人称単数）	2・16
ดี [ディー] 良い	53
～ ดีกว่า [～・ディー・クワー]	
～した方がいい	80
ดื่ม [ドゥーム] 飲む	21
ดู [ドゥー] 見る	8・48
ดู～ [ドゥー・～]	
～のように見える	80
เด็ก [デック] 子供	74
เดิน [ドゥーン] 歩く	92
เดินเล่น [ドゥーン・レン]	
散歩をする	79
เดี๋ยว～ [ディアウ・～]	
やがて，もうすぐ	76
เดือน [ドゥアン] 月	31
เดือนกรกฎาคม	
[ドゥアン・カラックカダーコム]	
7月	59
เดือนกันยายน	
[ドゥアン・カンヤーヨン]	
9月	59

เดือนกุมภาพันธ์	
[ドゥアン・クムパーパン]	
2月	59
เดือนตุลาคม	
[ドゥアン・トゥラーコム]	
10月	59
เดือนที่แล้ว	
[ドゥアン・ティー・レーウ]	
先月	31
เดือนธันวาคม	
[ドゥアン・タンワーコム]	
12月	59
เดือนนี้ [ドゥアン・ニー] 今月	31
เดือนพฤษภาคม	
[ドゥアン・プルットサパーコム]	
5月	59
เดือนพฤศจิกายน	
[ドゥアン・プルットサチカーヨン]	
11月	59
เดือนมกราคม	
[ドゥアン・モックカラーコム]	
1月	59
เดือนมิถุนายน	
[ドゥアン・ミトゥナーヨン]	
6月	59
เดือนมีนาคม	
[ドゥアン・ミーナーコム]	

3月		59
เดือนเมษายน		
[ドゥアン・メーサーヨン]		
4月		59
เดือนสิงหาคม		
[ドゥアン・シンッハーコム]		
8月		59
เดือนหน้า [ドゥアン・ナー]		
来月		31
โดย~ [ドーイ・~] ～で（手段）		90
ได้ [ダーイ]		
～できる，～してもいい		6・53
~ได้ไหม [~・ダーイ・マイ]		
～してくれますか？，～して		
もいいですか？		6・52

ต

ตก [トック]		
落ちる，（雨が）降る		78
ตกลง [トックロンッ]		
いいですよ（同意，了解）		36
ต้มยำกุ้ง [トムヤムクンッ]		
トムヤムクン（タイ風のすっ		
ぱいスープ）		88
ตลาดน้ำ [タラート・ナーム] 水		
上マーケット		36
ต้อง~ [トーンッ・~]		

～しなくてはならない		36
ต้อนนี้ [トーンニー] 今		24
ตัดเสื้อ [ダット・スア]		
服を仕立てる		75
ตัว [トゥア] 身体，匹（類別詞）		55
ตั๋ว [トゥア] 切符		93
ตัวหนังสือ [トゥア・ナンッスー]		
文字		72
ต่างประเทศ [ターンッ・プラテート]		
外国		131
ตำรา [タムラー] 教科書		30
ติด [ティット]		
くっつく，渋滞する		125
ตี [ティー] 時刻を表わす単位		87
ตื่น [トゥーン] 起きる		82
เตรียม [トリアム] 準備をする		74
แต่ [テー] しかし		32
แต่งงาน [テーンッガーン]		
結婚する		67

ถ

ถนน [タノン] 道路		28
ถนนสุขุมวิท [タノン・スクムウィット]		
スクムヴィット通り		28
ถ้า~ [ター・~] もし～ならば		56
ถาม [ターム]		
たずねる，質問する		50

ถ่ายรูป [タ̀ーイ・ル̂ープ]
   写真を撮る   54
ถึง~ [ドゥ̀ング・~]
   ~に到着する   90

ท

ทราบ [サ̂ープ]
   知っている（知識の有無）   10
ท้อง [ト́ーング] お腹   83
ทอดมันปลา [ト̂ートマンプラー]
   トートマンプラー（タイ風さつまあげ）   88
ทัศนาจร [タ́ットサナーチョーン]
   観光する   94
ทางนี้ [ターング・ニ́ー] こちら   78
ทาน [ターン]
   （食事を）いただく   20
ทานข้าว [ターン・カ̂ーウ]
   食事をする   20
ทำ [タム] する，作る   38
ทำความสะอาด
   [タム・クワーム・サアート]
   掃除をする   74
ทำงาน [タムンガーン]
   仕事をする，働く   22
ทำไม~ [タムマイ・~]
   どうして~なのですか？   60

ที่ [ティー・~] ~（場所）で   24
ที่ได้รู้จัก
   [ティー・ダ̂イ・ルーチャック]
   知り合いになって   16
ที่ทำงาน [ティー・タムンガーン]
   職場   28
ที่นั่น [ティー・ナ̂ン] そこ
ที่นี่ [ティー・ニ̂ー] ここ   6・54
ที่โน่น [ティー・ノ̂ーン] あそこ   6
~ที่สุด [~・ティースット]
   いちばん~だ（最上級）   68
ที่ไหน [ティー・ナ̌イ] どこ？   6・24
ทุกวัน [トゥ́ック・ワン] 毎日   72
ทุ่ม [トゥ̂ム] 時刻を表わす単位   87
ทุเรียน [トゥリアン] ドリアン
   （タイのくだもの）   40
เท่าไร [タ̂ウライ]
   いくら？，どれくらい？   8, 48
เที่ยง [ティ̂アング] 正午   79
แท็กซี่ [テ́ックシ̂ー]
   タクシー   124
โทรศัพท์ [トーラサップ] 電話   74

น

น้อง [ノ́ーング]
   年下のきょうだい   27
น้องชาย [ノ́ーング・チャーイ]

๑๔๓ 143
ヌング・ローイ・シーシップ・サーム

	弟	24・27	

น้องสาว [ノーンヶ・サーウ] 妹 27
นอน [ノーン] 寝る 79
～นะ [～・ナ] ～ね, ～よ 32
นักเรียน [ナッヶリアン] 生徒 55
นักศึกษา [ナッヶスッヶサー]
    学生 24
นั่ง [ナンヶ] 座る 6・78
นั่น [ナン] それ 41
นั้น [ナン] その 117
นาน [ナーン]
    （時間・期間が）長い 62
น่ารัก [ナーラッヶ] 愛らしい 10
นาย [ナーイ] （お店の）だんな 63
น้ำ [ナーム] 水 79
น้ำท่วม [ナーム・トゥアム] 洪水
น้ำส้ม [ナームソム]
    オレンジジュース 88
นิดหน่อย [ニッﾄ・ノーイ] 少し 52
นี่ [ニー] これ 7・41
นี่～ [ニー・～]
    こちらは～（人の名前）です 24
นี้ [ニー] この 31・117
โน่น [ノーン] あれ 41
โน้น [ノーン] あの 117
ใน [ナイ] 中, 中で 50・68

บ

บริกรสาว [ボリコーン・サーウ]
    ウェイトレス 88
บอก [ボーヶ] 言う 63
บัว [ブア] 蓮の花 109
บาท [バート]
    バーツ（タイの通貨） 48
บ้าน [バーン] 家 23
บ่าย [バーイ] 午後 87
บุหรี่ [ブリー] タバコ 74
เบอร์ [バー] 番号 50
เบอร์โทรศัพท์ [バー・トーラサッﾌ]
    電話番号 50
เบียร์ [ビア] ビール 21
โบราณ [ボーラーン] 昔の 56
ใบ [バイ] 枚（類別詞） 55
ใบไม้ [バイ・マーイ] 葉 71

ป

โปะ [ポッ] 積み重ねる 109
ประตู [プラトゥー] 門 113
ประเทศ [プラテート] 国 34・35
ปรึกษา [プルッヶサー] 相談する 82
ปลุก [プルッヶ] 起こす 82
ปวด [プアット]
    痛い（内部からの痛み） 83

ปวดท้อง [ปฺวัด・โด̂ง]
　　お腹が痛い　　　　　　　83
ปวดหัว [ปฺวัด・บฺว̌า]
　　頭が痛い　　　　　　　　83
ปากกา [ปาก̀กา] ペン　　　50
ปี [ปี-] 年　　　　　　　　31
ปีที่แล้ว [ปี-・ที̂-・เลฺ้ว]
　　去年　　　　　　　　　31
ปีนี้ [ปี-・นี́-] 今年　　　　31
ปีหน้า [ปี-・นา̂-] 来年　　　31
ปีใหม่ [ปี-・ม̀ไ] 新年　　　97
เป็น~ [เปน・~] ~(名詞)である 24
เป็น~ [เปน・~] ~で　　　　74
เป็นหวัด [เปน・วัด̀]
　　風邪をひく　　　80・83
เป็นอย่างไร [เปน・ย่า̂ง・ไร]
　　いかがですか？(状態・様子をた
　　ずねる)(เป็นยังไง [เปน・ยัง・
　　ไง] はこの短縮形)　　32
เป็นอะไร [เปน・อะไร]
　　どうしたんですか？　　80
แปด [แป̀-ด] 8　　　　　　51
ปน [ปน] 混ぜる　　　　　109
ไป [ปไ] 行く　　　　　　20
ไปข้างนอก [ปไ・คา̂ง・น̂อก]
　　外出する　　　　　　　82
ไปเที่ยว [ปไ・ที̂ยว]
　　遊びに行く, 旅行する　　36
ไปหาหมอ [ปไ・ห̌า・ม̌อ]
　　医者にかかる　　　　　80

ผ

ผม [ผ̌ม]
　　私 (男性・一人称単数)　2・16
ผลไม้ [ผ̌น・ลามาย́] くだもの 40
ผลิ [ผ̀ลิ] 芽吹く　　　　　71
ผ้าไหม [ผ̂า・ไม̌] シルク　　48
ผู้หญิง [ปู̂・หฺยิ̌ง] 女性
เผ็ด [เผ็ด̀] 辛い　　　　　34

ฝ

ฝน [ฝ̌น] 雨　　　　　　　71
ฝรั่งเศส [ฝ̀ารั̀ง・เส̀-ด]
　　フランス　　　　　　　35
ฝึก [ฝ̀ก] 練習する　　　　72

พ

พจนานุกรม [พ̀จ・จาน・านุก̀รม]
　　辞書　　　　　　　　　39
พนักงานบริษัท
　　[พานั̀ก・งาน・บริสัด̀]
　　会社員　　　　　　　　24
พบ [พ́บ] 会う　　　　　　5
พบกันใหม่ [พ́บ・กัน・ม̀ไ]

145

またお会いしましょう　　　5

พยาบาล [パヤーバーン]　看護婦　26
พริก [プリック]　唐辛子　113
พรุ่งนี้ [プルンニー]　明日　30・31
พม่า [パマー]　ミャンマー　115
พ.ศ. [ポー・ソー]　（仏暦の略）　94
พอ [ポー]　充分である　9
พอดี [ポーディー]　ちょうど　64
พี่ [ピー]　年上のきょうだい　27
พี่ชาย [ピーチャーイ]　兄　27
พี่สาว [ピーサーウ]　姉　27
พุทธ [プット]　仏陀　95
พุทธศักราช
　　[プッタ・サックカラート]　仏暦　95
พูด [プート]　話す　11・50
เพราะว่า~ [プロッ・ワー・~]
　　というのは~だからです　60
เพื่อ~ [プア・~]　~のために　92
เพื่อน [プアン]　友人　79
เพื่อนรัก [プアン・ラック]
　　親愛なる友人　94
แพง [ペーング]　（値段が）高い　48

ฟ

ฟิล์ม [フィム]　フィルム　116
แฟน [フェーン]　恋人　75

ภ

ภรรยา [パンヤー]　妻　63
ภาพ [パープ]　絵，写真　114
ภาษา [パーサー]　言葉　27
ภาษาญี่ปุ่น [パーサー・イープン]
　　日本語　26・27
ภาษาไทย [パーサー・タイ]
　　タイ語　22・27
ภาษาอังกฤษ
　　[パーサー・アングクリット]
　　英語　23
ภูเก็ต [プーケット]　プーケット
　　（タイ南部の県名）　93

ม

มหาวิทยาลัย [マハーウィトタヤー
　　ライ]　大学　24
มะพร้าว [マプラーウ]　ココナツ　43
มะม่วง [マムアング]　マンゴー　23
มะละกอ [マラコー]　パパイヤ　43
มังคุด [マンクット]　マンゴスチン
　　（タイのくだもの）　40
มา [マー]　来る　28
ม้า [マー]　馬
มาก [マーク]　とても，たいへん
　　　　　　　　　　　3・32

มาลินี [マーリニー]
　（タイ人女性の名）　26
มี [ミー]　持っている，ある　7・39
มีไข้ [ミー・カイ]　熱がある　83
มีไหม [ミー・マイ]　持っていますか？，ありますか？　7
มือ [ムー]　手　109
เมนู [メーヌー]　メニュー　88
เมื่อคืนนี้ [ムア・クーンニー]
　昨晩　86
เมือง [ムアング]　国, 都市　28・35
เมืองไทย [ムアング・タイ]
　タイ国　28・35
เมื่อไร [ムアライ]　いつ？　28
เมื่อวันนี้ [ムア・ワンニー]　昨日　31
โมง [モーング]
　（時刻を表わす単位）　87
～โมง [～・モーング]　～時　85
โมโห [モーホー]　怒る　81
ไม่～ [マイ・～]
　～ない（否定語）　37
ไม่ค่อย～ [マイ・コイ・～]
　あまり～ではない　80
ไม่เคย～ [マイ・クーイ・～]
　～したことがない　56
ไม่ใช่ [マイ・チャイ]
　ちがいます　44

ไม่ใช่～ [マイ・チャイ・～]
　～（名詞）ではありません　24
ไม่ได้ [マイ・ダイ]
　だめです，できません　6・52
ไม่ต้อง～ [マイ・トーング・～]
　～する必要はない　36
ไม่～เท่าไร [マイ・～・ダウライ]
　そんなに～ではない　63
ไม่เป็นไร [マイ・ペン・ライ]
　どういたしまして　4
ไม่สบาย [マイ・サバーイ]　気分がすぐれない，具合が悪い　61・83
ไม่อยาก (จะ) ～
　[マイ・ヤーク（チャッ）・～]
　～したくない　37

ย

ยัง [ヤング]　まだ　64
ยังไม่ได้～ [ヤング・マイ・ダイ・～]
　まだ～していません　67
ยาก [ヤーク]　難しい　34
ยินดี [インディー]　うれしい　16
ยินดีที่ได้รู้จัก [インディー・ディー・ダイ・ルーチャック]
　はじめまして　どうぞよろしく　16
ยี่สิบ [イーシップ]　20　51
ยืม [ユーム]　借りる　50

ยุ่ง [ユン̂ッグ] 忙しい	62
เย็น [イェン] 夕方	87
เยอรมัน [ユーラマン] ドイツ	35
เยอะ [ヨッ] たくさん	56

ร

รถ [ロッ́ト] 車	50
รถทัวร์ [ロッ́ト・トゥア] 長距離バス	90
รถไฟ [ロッ́ト・ファイ] 汽車	91
รถเมล์ [ロッ́ト・メー] バス	86
ร่วง [ルア̂ン̂ッグ] 落ちる	71
รอ [ロー] 待つ	88
ร้อน [ロー́ン] 暑い	32
ร้อย [ロー́イ] 100	51
รัก [ラッ́ク] 愛する	94
รักษาตัว [ラッ́クサー̌・トゥア] 身体に気をつける	97
รับ [ラッ́プ] 受ける	54
ร้านอาหาร [ラー́ン・アーハー̌ン] 食堂, レストラン	64
ราวๆ [ラーウ・ラーウ] およそ, だいたい	90
รู้จัก [ルー́チャッ́ク] 会う, 知り合う	58
รูปหล่อ [ルー̂プロー̂] ハンサムな	39

รู้สึก [ルー́スッ̀ク] 感じる	63
เร็วๆ [レウ・レウ] とても速く	116
เรา [ラウ] 私たち（男性・女性・一人称複数）	19
เรียก [リア̂ック] 呼ぶ	40
เรียกว่า～ [リア̂ック・ワー̂・～] ～と呼ばれている	40
เรียน [リアン] 勉強する	22
เรื่อง [ルア̂ン̂ッグ] 話, 物語	53・85
โรงเรียน [ローン̂ッグリアン] 学校	22
โรงแรม [ローン̂ッグレーム] ホテル	25

ฤ

ฤดู [ルドゥー] 季節	68・71
ฤดูใบไม้ผลิ [ルドゥー・バイ・マー́イ・プリ̀] 春	71
ฤดูใบไม้ร่วง [ルドゥー・バイ・マー́イ・ルア̂ン̂ッグ] 秋	71
ฤดูฝน [ルドゥー・フォ̌ン] 雨期	71
ฤดูร้อน [ルドゥー・ロー́ン] 暑期, 夏	68, 71
ฤดูหนาว [ルドゥー・ナー̌ウ] 寒期, 冬	71

ล

ลด [ロッt] 値引きする 52
~ ละ [~・ラッ] ~につき 92
~ ล่ะ [~・ラッ]
　　~はどうですか？ 20
ลิ้นจี่ [リッチー] ライチ 43
เล่ม [レム] 冊（類別詞） 55
เลย [ルーイ]
　　それで，そのため（結果） 78
แล้ว [レーウ] それで 28
~ แล้ว [~・レーウ]
　　もう~しました（完了） 64
~ แล้วหรือยัง
　　[~・レーウ・ルー・ヤング]
　　もう~しましたか？ 64

ว

วัด [ワッt] 寺 44
วัดพระแก้ว [ワッt・プラケーウ]
　　エメラルド寺院 44
วัน [ワン] 日 47
วันเกิด [ワン・クーt] 誕生日 96
วันจันทร์ [ワン・チャン]
　　月曜日 47
วันชัย [ワンチャイ]
　　（タイ人男性の名） 26

วันนี้ [ワンニー] 今日 31
วันพฤหัส [ワン・パルハッt]
　　木曜日 47
วันพุธ [ワン・プッt] 水曜日 47
วันรุ่งขึ้น [ワン・ルング・クン]
　　翌日 90
วันละ [ワン・ラッ] 1日につき 92
วันศุกร์ [ワン・スッk] 金曜日 47
วันเสาร์ [ワン・サーウ] 土曜日 47
วันหยุด [ワン・ユッt] 休日 63
วันอะไร [ワン・アライ]
　　何曜日？ 47
วันอังคาร [ワン・アングカーン]
　　火曜日 47
วันอาทิตย์ [ワン・アーティッt]
　　日曜日 47
วันอาทิตย์ที่แล้ว
　　[ワン・アーティッt・ティー・レーウ]
　　この前の日曜日 47
วันอาทิตย์นี้
　　[ワン・アーティッt・ニー]
　　今週の日曜日 47
วันอาทิตย์หน้า
　　[ワン・アーティッt・ナー]
　　次の日曜日 47
ว่า~ [ワー・~] ~と 40
ว่าง [ワーング]

๑๔๙　149

暇な，空いている	56，85	

วิลัย ［ウィライ］
 （タイ人女性の名） 19

เวลา ［ウェーラー］ 時間 57

ศ

ศักราช ［サックカラート］ 紀元 95
ศูนย์ ［スーン］ 0（ゼロ） 51

ส

สถานีรถไฟ ［サターニー・ロットファイ］
 駅 124
สถานีสายเหนือ
 ［サターニー・サーイ・ヌーア］
 北行きバスターミナル 90
สนามหลวง ［サナームルアング］
 王宮前広場 55
สนุก ［サヌック］
 面白い，楽しい 10・53
สบาย ［サバーイ］
 快適な，元気な 18
สบายดี ［サバーイ・ディー］
 快適な，元気な 3・18
ส้ม ［ソム］ みかん，オレンジ 129
สมชาย ［ソムチャーイ］
 （タイ人男性の名） 24
ส้มตำ ［ソムタム］ ソムタム（タ

イ風青パパイヤのサラダ） 88
สมศรี ［ソムスィー］
 （タイ人女性の名） 16
สวย ［スアイ］ 美しい 10・27
สวัสดี ［サワットディー］ 挨拶の
 言葉（こんにちは…） 2・16
สหรัฐอเมริกา ［サハラット・アメリカー］
 アメリカ合衆国 35
สอง ［ソーング］ 2 51
สอน ［ソーン］ 教える 74
สะดวก ［サドゥアック］ 便利な 90
สักครู่ ［サッククルー］ 少しの間 88
สักหน่อย ［サック・ノーイ］
 ちょっと 84
สั่ง ［サング］ 注文する，命ずる 89
สับปะรด ［サップパロット］
 パイナップル 43
สาม ［サーム］ 3 51
สิบ ［シップ］ 10 51
สี่ ［シー］ 4 51
สุข ［スック］ 幸せな 114
สุขภาพ ［スックカパープ］ 健康 92
สูบบุหรี่ ［スープ・ブリー］
 タバコを吸う 54
เสร็จ ［セット］ 完了する 64
เสื้อผ้า ［スアパー］ 服 131
แสดง ［サデーング］ 示す 97

แสตมป์ [サテム]	切手	7

ห

คำ	คำอ่าน	คำแปล	หน้า
หก	[ホック]	6	51
หน่อย	[ノーイ]	ちょっと	8・50
หนัง	[ナング]	映画	79
หนังสือ	[ナングスー]	本	8・55
หนังสือพิมพ์	[ナングスーピム]	新聞	42
หน้า	[ナー]	前方の	31
หนาว	[ナーウ]	寒い	71
หนึ่ง	[ヌング]	1	51
หมอ	[モー]	医者	26
หมา	[マー]	犬	27
~ หรือ	[ルー]	～ですか?	3・18
~ หรือเปล่า	[ルー・プラーウ]	～ですか?	44
หลัง ~	[ラング・~]	～の後に	79
หลังจาก ~	[ラング・チャーク・~]	～した後に	79
หวัด	[ワット]	風邪	80・83
หวาน	[ワーン]	甘い	129
ห้อง	[ホーング]	部屋	30
ห้องทำอาหาร	[ホーング・タム・アーハーン]	台所	30
ห้องน้ำ	[ホーング・ナーム]	トイレ	6
ห้องว่าง	[ホーング・ワーング]	空室	85
หัด	[ハット]	練習する	72
หัว	[フア]	頭	83
หัวหิน	[フアヒン]	ホアヒン (タイ中央部の地名)	93
ห้า	[ハー]	5	51
เหมือนกัน	[ムアン・カン]	同じ, 同様に	72
เหล้า	[ラウ]	酒	79
แหวน	[ウェーン]	指輪	131
ให้	[ハイ]	させる, してあげる, 与える	72
ใหญ่	[ヤイ]	大きい	27
ไหน	[ナイ]	どちら?	20
~ ไหม	[~・マイ]	～ですか?, ～ますか? (名詞には用いない)	6・36
ใหม่	[マイ]	再び, 新しい	5

อ

อย่า ~	[ヤー・~]	～しないでください	115
อยาก(จะ) ~	[ヤーク(チャッ)・~]	～したい	36
อยากจะลอง ~ ดู	[ヤーク・チャッ・		

อย่าง [ヤーンg] [ローンg・～・ドゥー]
　　～してみたい　　　　　　88
อย่าง [ヤーンg]
　　種類，～のように　　　　69
อย่างไร [ヤーンg・ライ]
　　どのように？ (ยังไง [ヤンg・ンガイ] はこの短縮形)　124
อยุธยา [アユットタヤー]　アユタヤ
　　(タイ中央部の地名)　10・56
อยู่ [ユー]　ある，いる　　6・28
อยู่ที่ ～ [ユー・ティー・～]
　　～にある (いる)　　　　28
～ อยู่ที่ไหน [ユー・ティー・ナイ]
　　～はどこにありますか？　6
อร่อย [アロイ]　おいしい
　　　　　　　　　10・33・34
ออก [オーk]　出る　　　　76
อะไร [アライ]　何？　2・7・38・40
อังกฤษ [アンgクリットt]
　　イギリス　　　　　　　　35
อัน [アン]　個 (類別詞)　　55
อากาศ [アーガーtt]　気候　50
อาจจะ ～ [アーットtチャ・～]
　　～かもしれない　　　　　80
อาจารย์ [アーチャーン]　先生　19
อาทิตย์ [アーティットt]　週　31

อาทิตย์ที่แล้ว
　　[アーティットt・ティー・レーウ]
　　先週　　　　　　　　　　31
อาทิตย์นี้ [アーティットt・ニー]
　　今週　　　　　　　　　　31
อาทิตย์หน้า [アーティットt・ナー]
　　来週　　　　　　　　　　31
อ่าน [アーン]　読む　　　　66
อาบน้ำ [アーp・ナーム]
　　水浴びをする　　　　　　79
อายุ [アーユッt]　年齢　　125
อายุเท่าไร [アーユッt・ダウライ]
　　お年はいくつですか？　125
อาหาร [アーハーン]
　　料理，食事　　　　　　　34
อาหารญี่ปุ่น [アーハーン・イープン]
　　日本料理　　　　　　　　70
อาหารไทย [アーハーン・タイ]
　　タイ料理　　　　　　　　34
อาหารว่าง [アーハーン・ワーンg]
　　おやつ　　　　　　　　　85
อีก [イーk]　もう少し　　　89
อีกครั้งหนึ่ง [イーk・クランg・ヌンg]
　　もう一度　　　　　　　　11
อิ่ม [イム]　満腹になる　　89
เอา [アウ]　要る　　　　　　9